Judith von Halle

Die Coronavirus-
Pandemie

Anthroposophische Gesichtspunkte

Verlag für Anthroposophie

Zwei Briefe
als Antwort auf Fragen
der Mitglieder des Lazarus-Johannes-Zweiges
der Freien Vereinigung für Anthroposophie

3. Auflage 2020

Der Verlag für Anthroposophie im Internet: www.v-f-a.ch

ISBN 978-3-03769-059-8

Judith von Halle
Die Coronavirus-Pandemie

Inhalt

II.

FRAGEN UND ANTWORTEN ZU EINER ESOTERISCHEN
BEGLEITUNG DER ZWEIGARBEIT

Vorwort

Zur Coronavirus-Pandemie, die uns derzeit alle bewegt und die bereits weitreichende Einschnitte in unsere Lebensführung nach sich gezogen hat, hat sich bislang eine Vielzahl von Wissenschaftlern, praktizierenden Ärzten und Politikern geäußert. Es ist schon eine Herausforderung, mit dieser Flut von – natürlich auch dankenswerterweise zur Verfügung gestellten – Informationen einen einigermaßen seelisch hygienischen Umgang zu pflegen. Da die Menschheit mit dem Virus zum ersten Mal in Berührung kommt, sind heute noch viele Fragen wie zum Ursprung und zur Übertragung des Virus, zur Vorbeugung einer Infektion oder zur Immunität sowie zur Behandlung der durch das Virus ausgelösten Krankheit COVID-19 weitgehend offen. Dies führt verständlicherweise zu großer Verunsicherung.

Es gehört zu den Stärken des Menschen, sich neuen Herausforderungen zu stellen und sich mit äußerstem Eifer um ein Verständnis des noch Unbekannten zu bemühen. Die Suche nach der Wahrheit, das Engagement um ein wirkliches Verstehen, aber auch um ein Beherrschen der äußeren Umstände, in denen er lebt, treibt ihn an – besonders im gegenwärtigen Zeitalter, in dem die Wissenschaften wie niemals zuvor in der Menschheitsgeschichte eine dominierende Stellung innerhalb der Weltgesellschaft einnehmen. Das Bemühen um ein wirkliches Verstehen der Coronavirus-Pandemie oder des Virus selbst richtet sich dementsprechend aber in der Hauptsache auf die sinnlich-irdischen Aspekte, auf den naturwissenschaftlichen Bereich.

Dass Antworten aus dem Sektor der reinen Naturwissenschaft nicht alle Menschen zufriedenstellen, ist ein erfreuliches Zeichen dafür, dass bei vielen Menschen allmählich eine gewisse Ahnung ins Bewusstsein tritt, dass sich die menschliche Wesenheit weder in ihrer Ganzheit noch in ihrer Differenziertheit durch rein naturwissenschaftliche Kriterien erfassen lässt. Der natürliche Seelentrieb des Menschen, die Dinge zu verstehen, macht sich daher auch jenseits der rein naturwissenschaftlichen Forschungsfelder bemerkbar und hat bereits ungezählte Persönlichkeiten auf den Plan gerufen, die ihrerseits zur Klärung der Fragen zur Coronavirus-Pandemie beitragen wollen.

Während man allerdings auf dem Feld der Naturwissenschaft, hier speziell der Medizin und Biochemie, mit konkreten, «greifbaren», nämlich rein materiellen Forschungsgegenständen und Faktoren zu tun hat und sich eine durchaus beachtliche Expertise im Umgang mit diesen erworben hat, fehlt den Forschenden auf nicht-materiellem Gebiet eben diese beachtliche Expertise heute noch fast vollständig. Das Wissen darum, dass auch das Gebiet des Übersinnlichen streng wissenschaftlich erforscht werden kann und muss, ist in der Menschheit gegenwärtig noch kaum vorhanden. Und wo es vorhanden ist, fehlt, wie gesagt, die über Jahrzehnte erworbene Erfahrung, die sich in einer menschlichen Individualität in der Regel auch nur durch eine Reihe aufeinanderfolgender Erdenleben heranbilden kann, da es für den Erwerb übersinnlicher Forschungsfähigkeiten die zeitübergreifende Entwicklung des einzelnen Ichs braucht, während es in der naturwissenschaftlichen Arbeit genügt, innerhalb weniger Jahre gewisse Grundkenntnisse zu erwerben und für alles Übrige auf die Leistungen vorangegangener Forschergenerationen zurückzugreifen.

Dieser Umstand stellt meiner Wahrnehmung nach in der gegenwärtigen Situation der Coronavirus-Pandemie einen weiteren, und zwar erheblichen Faktor der Verunsicherung und Desorientierung dar. Denn das Bestreben, Antworten jenseits der reinen Naturwissenschaft zu finden, paart sich häufig in ungünstiger Weise mit unzureichender geisteswissenschaftlicher Expertise und trifft anschließend auf die Bedürfnisse vieler verunsicherter Seelen nach schnellen Antworten, einleuchtenden Erklärungen und auch «guten Nachrichten».

Das in der Welt durchaus vorhandene und wirksame «Böse» (wie es im *Vaterunser* genannt wird) zu ignorieren oder zu leugnen, ist eine Art unbewusste Reflexhandlung der Seele, wenn der sie eigentlich beherrschende Geist vorerst nur über unzureichende Erkenntnismittel gegenüber den Zusammenhängen höherer und niederer moralischer Kräfte im Weltgeschehen verfügt. Dieselbe Ursache liegt dem scheinbaren Gegenteil zugrunde, nämlich die Flucht der Seele in spekulative Erklärungsmuster, die auch als «Verschwörungstheorien» bezeichnet werden. Weniges Rationales und unmittelbar Begründ- und Beweisbares mischt sich hier mit vielem aus dem rein persönlichen Seelenraum hervorgehenden Vorstellungshaften. Der so produzierte «Borschtsch» mag zwar der verängstigten, erklärungshungrigen oder auch vom Materialismus der Naturwissenschaften abgestoßenen Seele angenehm schmecken, kann aber wenig bis gar nichts zu einer objektiven geistigen Erkenntnis der Problemstellung beitragen. Dass der menschliche Seelenraum ein äußerst begrenztes Instrumentarium auf dem Feld geisteswissenschaftlich fundierter Forschung darstellt, weil er die erwähnten moralischen oder vielmehr amoralischen Kräfte im Weltgeschehen aus sich heraus nicht zu erkennen vermag und darum der Urheber persönlicher Vorstellungen und Überzeugungen ist, die durch eben jene Kräfte verfärbt sind, kann sich jeder vernunftwillige Mensch zum Bewusstsein führen.

Aber gerade in einer Lage wie der gegenwärtigen scheint die Bereitwilligkeit zu dieser nüchternen (oder ernüchternden) Einsicht eher gering zu sein, und dies veranlasst immer mehr Persönlichkeiten dazu, ihre mitmenschliche Umwelt ungefragt mit Beiträgen und Erklärungen zur Coronavirus-Frage zu überschütten. Eigentümlicherweise handelt es sich dabei nicht selten um Menschen, die nebenbei auch die Informationsüberflutung der Menschheit durch die Medien vehement kritisieren, offenbar ohne zu bemerken, dass sie sich selber dieser Methode bedienen, um die Welt über «die Wahrheit» aufzuklären.

Gewiss gibt es unter den (nicht naturwissenschaftlichen) Beiträgen zur Coronavirus-Pandemie auch weniger fragwürdige oder durchaus konstruktive und beachtliche Darlegungen, aber meiner Wahrnehmung nach sind diese nicht sehr zahlreich, denn – wie gesagt – die Hürden, die übersprungen werden müssen, um eine seriöse Darlegung in dieser Frage hervorzubringen, sind recht hoch.

Da ich auch meine eigenen Möglichkeiten in dieser Hinsicht für durchaus begrenzt halte, hatte ich ursprünglich nicht die Absicht, mich über die Coronavirus-Frage zu äußern und mit einer eigenen Darstellung noch einen weiteren Beitrag darüber in die Welt zu stellen.

In den letzten Wochen gelangten aber immer mehr Menschen, die meine Bücher gelesen haben oder Mitglieder der Freien Vereinigung für Anthroposophie sind, an mich mit allerlei Fragen und dringenden Bitten um meine Stellungnahme in der Sache. Schließlich konnte ich mich diesen Bitten nicht gänzlich entziehen, und ich habe mich mit dem Gedanken getröstet, dass es wohl die Aufgabe eines Anthroposophen ist, vor der Untersuchung unbekannter Phänomene nicht zurückzuschrecken, sondern sie bis zu dem jeweils individuellen Punkt, bis zu dem der Einzelne in der Lage ist, sie objektiv zu untersuchen, ohne darüber hinauszugehen und ins Spekulative zu verfallen, auch wirklich zu erforschen.

Allerdings hatte ich meine Darstellung mit der Absicht verfasst, sie als gewissermaßen interaktiven Beitrag *intern*, nämlich im Rahmen der Zweigarbeit des Lazarus-Johannes-Zweiges der Freien Vereinigung für Anthroposophie ausschließlich den Mitgliedern und Teilnehmern zur Verfügung zu stellen, und zwar in Form eines zweigeteilten Briefs, von dem der erste Teil die Auseinandersetzung mit den mir gestellten Fragen der Teilnehmer sowie einige Aspekte einer von mir aus geführten spirituellen Betrachtung des Phänomens enthalten sollte.

Der zweite Teil war als ein Vorschlag zur spirituellen Begleitung der eigentlichen Zweigarbeit während der Zeit der Coronavirus-Problematik gedacht. Denn etliche Fragen thematisierten nicht nur die Schwierigkeit, sich in dieser Lage auf die esoterische

Arbeit zu konzentrieren, sondern es stand auch die Frage nach den Folgen der sozialen Distanzierung beziehungsweise nach einem möglichst adäquaten Umgang mit den gegenwärtigen Einschränkungen des sozialen Lebens im Vordergrund. Denn die staatlich verordneten Präventionsmaßnahmen, die einen hohen exponentiellen Anstieg der Infektionsrate innerhalb einer sehr kurzen Zeitspanne verhindern sollen, damit die gesundheitliche Versorgung aller Erkrankten dauerhaft gewährleistet werden kann, stellen das soziale Leben auf eine harte Probe. Da aber gerade das soziale Leben und seine Bindungen *das* christliche Element der Zukunft darstellen, ist es offensichtlich, dass die Coronavirus-Pandemie ein Angriff auf eben dieses Element ist.

Von einer Christus-gemäßen Sozialstruktur sind wir allerdings ohnehin weit entfernt. Aber vielleicht können die gegenwärtigen Einschränkungen indirekt zur Einsicht führen, *dass* wir weit davon entfernt sind und dass das soziale Leben unter Umständen noch auf ganz andere Pfeiler gebaut werden müsste als auf die physischen Kontakte allein. Wie so häufig liegt gerade in ungünstigen Vorkommnissen ein gewisser Nährboden für eine höhere seelische Entwicklung. Die Vorteile und Entwicklungschancen in allen Prüfungen, die an uns herantreten – seien sie geistig, seelisch oder physisch –, aufzuspüren und effektiv zu nutzen, ist die Aufgabe jedes einzelnen Menschen und der ganzen Menschheitsgemeinschaft, und wenn sie erkannt und übernommen wird, können uns die härtesten Lebensprüfungen sogar zu einer schnelleren spirituellen Entwicklung gereichen, als dies ohne schwere Prüfungen der Fall wäre. So gesehen, ist der Mensch den äußeren Umständen nie vollständig ausgeliefert.

Diese beiden Briefteile oder Briefe finden Sie nun in der vorliegenden Schrift wieder, die auf Wunsch meines Verlegers, Joseph Morel, nicht nur für die an ihrer Entstehung gewissermaßen Beteiligten, sondern auch allgemein für Interessenten zugänglich gemacht wird. Nicht nur der Inhalt selbst, sondern auch Form und Ton der persönlichen Ansprache der ursprünglichen Briefe wurden beibehalten. Man möge sich daran nicht stören, sondern es kann vielleicht dadurch ersichtlich werden, wie in einer sonst physisch zusammentretenden Arbeitsgemeinschaft während dieser wahrlich außergewöhnlichen Situation die Kommunikation und der geistige Austausch stattfinden.

Zum Schluss dieses Vorworts möchte ich noch darauf aufmerksam machen, dass es sich bei dem vorliegenden, ursprünglich von mir gar nicht initiierten Beitrag um ein Ergebnis des Zusammenwirkens mit Menschen handelt, die in der gegenwärtigen Situation existenzielle Fragen bewegen. Und wie es in einem *Gespräch* nun einmal der Fall ist, stellen da-

her die Antworten auf die gestellten Fragen keine ab-
geschlossenen wissenschaftlichen Abhandlungen dar.
Dies ist auch gar nicht beabsichtigt. Darüber hinaus
standen mir aufgrund von übergeordneten Verpflich-
tungen und weil der Versand der Briefe ursprünglich
zum festgelegten Termin der Zweigarbeit erfolgen
sollte, nur drei Tage zur Verfügung, um den hier folgenden Beitrag zu verfassen. Selbstverständlich kann
eine Untersuchung des Phänomens der Coronavirus-
Pandemie in dieser kurzen Zeit nicht geisteswissenschaftlich methodisch ausgeführt werden. So stellen
diese Ausführungen lediglich Aphorismen hin. Daher
reiht sich das vorliegende Büchlein auch nicht in die
Reihe von Büchern ein, die ich in der Vergangenheit
als gewissermaßen in sich ausgereifte Betrachtungen
zu bestimmten Themenbereichen verfasst habe.

Berlin, 25. März 2020   *Judith von Halle*

I.

Was kann

anthroposophische Geisteswissenschaft

zur Erforschung

von Sars-CoV-2 und COVID-19

beitragen?

Berlin, 22. März 2020

Liebe Freunde!
Dieser ausführlich geratene Brief enthält nun die von Ihnen vielfach gewünschte Stellungnahme zur Corona-Krise. Trotz des Umfangs wird darin doch nur auf einige ausgewählte Wahrnehmungs- oder Erkenntnissplitter hingewiesen. Vorerst bleibt es lediglich bei einem Öffnen von zahlreichen Türen, ohne dass die dahinter liegenden Räume wirklich betreten und inspiziert werden. Aber vielleicht tun *Sie* es.

Insofern kann und soll dieser Brief keine fertige Erklärung des Coronavirus-Phänomens sein, sondern er soll vielmehr ein Austausch mit Ihnen sein, der sich aufgrund Ihrer Mitteilungen und Fragen ergibt.

Es ist mir auch nicht möglich, das Coronavirus-Phänomen in seiner ganzen Dimension zu erklären. Und aus diesem Grund möchte ich auch weitgehend mit meiner persönlichen Meinung zurückstehen. Für einen Anthroposophen handelt es sich ohnehin zunächst um eine rein geisteswissenschaftliche Aufgabestellung. Beurteilungen und Ratschläge zu geben, insbesondere zu großen, bedeutsameren Ereignissen oder Situationen, verlangt einen Wissenshintergrund, der sich auch auf die *geistige* Wirklichkeit stützt. Diese zu erforschen in Bezug auf das in Rede stehende Phänomen, ist eine große geistesforscherische Herausforderung, die – wie die Entdeckung eines wirksamen klassischen Impfstoffs – gewiss nicht in wenigen Tagen gemeistert werden kann.

Darum nehmen Sie bitte das Folgende lediglich als anregende Fragmente zur freien Bewegung auf!

Sie können sich gewiss vorstellen, dass auch mir in den letzten Tagen sehr viele Artikel und andere Beiträge vor allem von Verfassern aus der anthroposophischen Bewegung weitergeleitet worden sind, teils aus eher «neutralen» Motiven zum Zweck meiner Kenntnisnahme, teils mit der Überzeugung, der Beitrag enthalte unverzichtbare Informationen zur Ursache der Erkrankung, Bewertung der Maßnahmen zu ihrer Bekämpfung und so weiter.

Dabei drängt sich einem wieder einmal spürbar der Eindruck auf, dass – neben etlichen anderen ungünstigen Entwicklungen – sich seit einigen Jahren eine Unart breit gemacht hat, die beispielsweise noch in der Goethe-Zeit undenkbar gewesen wäre: Das Überspringen der möglichst reinen Wahrnehmung und ausgiebigen vorurteilslosen Beobachtung eines Phänomens und die an dessen Stelle tretende sofortige Urteilsbildung sowie ein wiederum aus dieser vorschnellen Urteilsbildung entspringender Aktionismus.

Das Vermischen des reinen Beobachtungsvorgangs mit persönlicher Meinung, auch wenn sich diese auf irgendwelche Erfahrungswerte stützt, verfälscht die Wahrnehmung.

Aber eine unverfälschte Wahrnehmung ist notwendig. Denn eines ist klar: Alles, was in der Welt im Zeitverlauf auftritt, ist *neu*. Es gibt niemals irgendeine Situation, die sich exakt wiederholt. Selbst in der rein materiellen natürlichen Welt gibt es das nicht (siehe beispielsweise Schneeflockenkristalle), erst recht aber nicht, wenn der Mensch als freies, verantwortliches Wesen beteiligt ist.

An diesem Neuen nicht vorbeizugehen, indem man von vornherein einwirft, es geschehe ja nichts anderes als vorher, scheint mir unsere Aufgabe als in einem höheren Sinne verantwortungsvolle Menschen zu sein.

Die Verbreitung von Theorien und den Aktionismus von Schwarzsehern und Panikschürern halte ich für ebenso bedenklich wie die Verbreitung von Theorien und den Aktionismus von Heilsversprechern und Naivlingen. Beide Lager beanspruchen eine für mein Empfinden unangenehme Deutungshoheit und sind zu schnell dabei, andere ungefragt über die *Wahrheit* aufzuklären. Man wird über die Wahrheit, das bedeutet zumeist die rein persönliche Meinung von Menschen, aufgeklärt, um die man sie nicht gebeten hat.

Noch bedenklicher empfinde ich in dieser Situation, in der das *Neue* noch nicht hinreichend phänomenologisch beobachtet und erforscht worden ist, wenn sich die gedanklichen Missionierungsversuche in einen direkten Aktionismus verwandeln. Selbst aus meinem eigenen Familienkreis wird mittlerweile direkt aufgefordert, sich an Kettenbriefen, Unterschriftenaktionen und Online-Petitionen zu beteiligen – zum Beispiel unter dem Stichwort: *«bürgerliche Freiheiten»* oder dergleichen. Ich empfinde das als bedenklich übergriffig und kann in all dem wenig Freiheitliches erkennen.

Ein Blick in die Menschheitsgeschichte offenbart zumindest *eine* unumstößliche Tatsache: Es hat sich noch nie als konstruktiv erwiesen, ein Phänomen zu bewerten oder in Aktion zu verfallen, bevor man es gründlich beobachtet und seinem Wesen nach wirklich erkannt hat. Beides scheint mir in Bezug auf das Coronavirus-Phänomen noch nicht geschehen.

Sich um dieses Erkennen zu bemühen, ohne sofort ein Urteil oder eine Meinung zu bilden und aller Welt kundzutun, sollte für einen anthroposophischen Geistesschüler eine Selbstverständlichkeit sein.

Dies nur vorab als Begründung dafür, warum ich auf die zahlreichen Zusendungen von Erklärungen zum Coronavirus und zur Corona-Krise nicht direkt und im Einzelnen eingehen werde.

Eine Ausnahme möchte ich machen mit dem Rundbrief zur Corona-Pandemie der Leitung der Medizinischen Sektion am Goetheanum mit dem Titel *«Corona-Pandemie – Aspekte und Perspektiven»* (dat. 19. März 2020). Schließlich handelt es sich um die offizielle Stellungnahme der Anthroposophischen Gesellschaft beziehungsweise der für dieses wohl historisch zu nennende Geschehen zuständigen Abteilung der Freien Hochschule für Geisteswissenschaft am Goetheanum:

«Corona-Pandemie – Aspekte und Perspektiven»

Zu den «Aspekten»

Ein in dem Rundbrief dominierendes Thema ist die *Disposition* des Menschen für die Entwicklung einer COVID-19-Erkrankung.

Selbstverständlich ist eine individuelle Disposition des Menschen für eine Erkrankung keinesfalls abzustreiten. Die Betonung dieses Aspekts halte ich allerdings im vorliegenden Fall aus mehreren Gründen für fragwürdig.

Zum einen kann durch die Betonung der individuellen Disposition für eine COVID-19-Erkrankung leicht der Eindruck entstehen, derjenige, der diese Krankheit entwickelt oder im besonderen Maße unter ihr zu leiden hat, sei durch sein Verhalten im gegenwärtigen Leben oder durch sein individuelles Karma, mit anderen Worten aufgrund seines karmischen «Schuldenkontos», höchstpersönlich für diesen Umstand verantwortlich. Im Rundbrief werden unter anderem Stress, Anspannung, wenig Schlaf und mangelnde Bewegung genannt, die zu einem erhöhten Infektionsrisiko führen sollen. Im Umkehrschluss könnte man irrtümlich meinen: Wer nicht erkrankt oder wer überlebt, hat sich entweder im gegenwärtigen Leben bezüglich seiner auf das Sinnesleben bezogenen physischen Konstitution korrekt verhalten, oder er hat sich in einem früheren Leben eine geistgemäße Disposition dafür erworben, in diesem Leben nicht an COVID-19 zu erkranken, war also im letzten Leben ein guter Mensch. Im Rundbrief der Medizinischen Sektion wird dies so nicht ausgesprochen. Aber man könnte aus ihm derlei Schlussfolgerungen ziehen.

Hier muss meines Erachtens einmal ein ganz anderer Blick auf das Karma geworfen werden und damit auch ein Blick ins Hierarchiengebiet.

Es gibt das *Einzelkarma*, das *Volkskarma* und das *Menschheitskarma*. Im gegenwärtigen Fall von COVID-19 kommen zweifellos alle drei Bereiche in Betracht, so dass die individuelle Disposition nicht allein den Ausschlag für eine Erkrankung gibt. Dass *«nicht jeder Mensch [...] nach einer Infektion* [mit Viren] *Erkrankungszeichen»* entwickelt *«und wenn, dann in sehr unterschiedlichem Ausmaß»*, ist zwar unstrittig. Aber bei einem Blick auf das derzeitige Geschehen wird deutlich, dass hier sowohl das Volks- als auch das Menschheitskarma eine große Rolle spielen.

Die Aussage, es sei «*bei COVID-19 das deutlich erhöhte Risiko* [gemeint vermutlich für einen schweren Verlauf oder Tod] *alter Menschen und von Patientinnen und Patienten mit Vorerkrankungen* ...» bekannt, basiert auf Statistiken aus China. Mittlerweile zeigt sich aber, dass dies in so eindeutiger Weise nicht für die europäische oder amerikanische Bevölkerung zuzutreffen scheint, (Münchner Klinikärzte sprechen gar von einer gleichmäßigen altersdemographischen Verteilung ihrer Patienten), ja dass die Verhältnisse möglicherweise sogar innerhalb Europas von Volksgemeinschaft zu Volksgemeinschaft variieren. Die Ursache für dieses Geschehen kann nur durch die geisteswissenschaftliche Forschung zutage gefördert werden.

Tatsache ist aber, dass es ein pandemisches Geschehen ist. Und das bedeutet: Es macht sich hier das *Menschheitskarma* geltend, und dies kann so geschehen, dass es sehr wohl das geplante Einzelkarma durchkreuzen kann. Und man muss wissen, dass es für die Hierarchien durchaus kein Leichtes ist, nach dem Tode eines betroffenen Menschen dessen individuelle karmische Fäden, die durch das Menschheitskarma durchschnitten worden sind, wieder zusammenzuknüpfen.

Selbstverständlich muss jedes Schicksal einzeln angeschaut werden! Trotzdem kann das Menschheitskarma das Einzelkarma so durchkreuzen, dass in einzelnen Fällen man zu dem Schluss kommen kann: Dieser Mensch hatte gar keine individuelle *Disposition* für die Entwicklung einer schweren Krankheit oder für das Erleiden des Todes durch COVID-19. Wenn es um das Erleiden eines Unglücks aus Gründen des karmischen Ausgleichs des *Menschheitskarmas* geht, können sehr wohl andere Kriterien zu Buche schlagen, und wenn man meinte, der Mensch habe aus Gründen der ungesunden Lebensführung oder aus Gründen des persönlichen Karmas schlicht eine Disposition für das tödliche Erkranken an COVID-19 gehabt, so wäre das zu vergleichen mit der Überzeugung, jemand habe eine persönliche Disposition dafür gehabt, wie Tausende andere mit ihm nicht karmisch verbundene Menschen durch eine Naturkatastrophe ums Leben zu kommen.

Gerade bei einer Pandemie, aber insbesondere in dem vorliegenden Fall von COVID-19 ist die Disposition nicht mehr so eindeutig individualisiert. Eben daran erkennt man die Handschrift derjenigen Macht, die hier wirksam wird. Denn es ist ein Frontalangriff auf die Ich-heit des Individuums, wenn das Karma durchkreuzt, regelrecht abgeschnitten wird.

Vergegenwärtigen wir uns: Gegen den Astralleib treten in der Hauptsache die luziferischen Geister auf. Gegen den Ätherleib die ahrimanischen. Gegen den physischen Leib die Asuras. Und gegen das Ich? Gegen das Ich und den Ich-Bringer, Christus, tritt diejenige Wesenheit auf, die aus dem Grund auch als *Anti-Christ* bezeichnet wird oder auch als *Sorat*.

Selbst wenn diese Pandemie weniger Todesopfer forderte als andere Pandemien, wie einige Menschen behaupten (ohne dabei allerdings das vorläufige Ende der Pandemie abzuwarten), so ist sie aus rein *spirituellen* Gründen eine sehr ernst zu nehmende und sich von den meisten früheren epidemischen Krankheitsgeschehnissen unterscheidende Erscheinung. Denn ihr liegt ein Angriff der gewaltigsten Geistesgegenmacht zugrunde, mit der der Mensch auf seinem Entwicklungsweg konfrontiert wird. (Auch wenn das Sars-CoV-2-Virus nur ein vergleichsweise leises Wellenkräuseln ist gegenüber dem, was in naher Zukunft die Menschheit noch durchmachen wird.)

Nicht nur der einzelne Mensch hat also durch seine persönliche karmische Biographie, sondern *die Menschheit als solche* hat – indem sie nämlich als solche den Materialismus in ihrem Denken seit 150 Jahren hegt und pflegt – eine Disposition für die Erkrankung an diesem Virus entwickelt. Man kann sagen: das Coronavirus gehört zu dem heutigen Menschen, obwohl es keinesfalls zu ihm gehören sollte.

Gerade das verstärkte Sich-Geltendmachen dieser *allgemeinen* Disposition des Menschheitskarmas (im Gegensatz zum individuellen Einzelkarma) ist eine Folge des mächtigsten Widersachergeistes und jener untersinnlichen Wesenheiten, die ihm dienen, und es wird sich zeigen, inwiefern die Menschheit, auch der Anthroposoph, dieser Entwicklung gewachsen ist.

Ein zweiter Aspekt, von dem im Rundbrief der Medizinischen Sektion wiederholt die Rede ist, ist der der *Angst*. Die Angst vor dem Virus bewirke eine Disposition für die Erkrankung an COVID-19. Auch diese Aussage trifft sicher zu. Rudolf Steiner hat schon darauf hingewiesen, dass das Hineinnehmen der Angst und Furcht vor den Bazillen in den Schlaf die Anfälligkeit für diese steigert (z. B. im Vortrag vom 5. Mai 1914, GA 154).

Doch ist die Angst vor dem Coronavirus für seine exponentielle, pandemische Ausbreitung verantwortlich?

Gerade die jüngeren Menschen, die beispielsweise in Ischgl zum Skiurlaub waren und nun an den Beatmungsmaschinen hängen, hatten offenbar gerade überhaupt keine Angst vor dem Coronavirus, denn sein Auftreten in Ischgl war bereits eine Woche vor der Schließung der Pisten, Lokale und Pensionen bekannt. Hier scheint eher das Problem dasjenige der konsequenten übermäßigen Sorglosigkeit und Ignoranz gegenüber geistigen Zusammenhängen sowie der von den Gegengeistesmächten geschürten Gefahren gewesen zu sein, als es Angst und Furcht waren. Das sorglose und rücksichtslose, wenig mit höherem Sinn erfüllte Ausleben materiell-sinnlicher Eigenbedürfnisse einer sogenannten Spaßgesellschaft auf den Pisten und beim Après-Ski waren offenbar vorherrschend vor einer Angst vor der Erkrankung. (Übrigens kann ich dies auch nicht für einen erheblichen Teil der Berliner Bevölkerung behaupten, der sich nach meiner Beobachtung ohne verordnete Abstandseinhaltung oder Atemschutz durch Supermärkte oder über Plätze, Wochenmärkte, durch Straßen, Parks und Wälder bewegt.)

Und die Älteren, deren Immunsystem grundsätzlich schwächer ist als das der Jüngeren, weshalb sie zur sogenannten Risikogruppe gezählt werden und durchaus häufiger unter schweren Krankheitsverläufen zu leiden haben, zeichnen sich meistens gerade dadurch aus, dass sie aufgrund einer gewissen Gelassenheit ebenfalls weniger zur Angst neigen, denn schließlich haben sie im Verlauf ihres langen Lebens schon vieles überstanden.

Übrigens kann sich mit Blick auf ältere Menschen die Frage nach der Wirksamkeit der vom Körper entwickelten Entzündungsreaktion als Antwort auf den feindlichen Eindringling ergeben, von der im Rundbrief der Medizinischen Sektion die Rede ist. Dass entzündungshemmende und fiebersenkende Mittel kontraproduktiv für eine immunologische Reaktion sind, ist grundsätzlich nicht von der Hand zu weisen. Doch gerade Ältere, die von schweren Krankheitsverläufen am meisten betroffen sein sollen, fiebern kaum mehr. Und für viele andere Menschen gilt mittlerweile, dass ihre physischen Leiber oft gar nicht mehr in der Weise reagieren, wie man es vor vielleicht noch zwanzig Jahren hätte erwarten dürfen. Entweder sie reagieren gar nicht mit einer

Entzündung oder sie überreagieren, das heißt, die Entzündungsreaktion ist so stark, dass lebensbedrohliche Zustände eintreten. Gerade ein über sieben Tage hinweg- oder hinausreichendes durchgehend hohes Fieber scheint sich bei dieser Erkrankung als Hinweisgeber für einen schweren oder gar tödlichen Verlauf herauszukristallisieren. Um den zehnten Tag herum scheint anhaltend hohes Fieber ein Kriterium für einen ungünstigen Verlauf zu sein. Dies ist offenbar eine spezifische Charakteristik von COVID-19, aber es kommt hinzu, dass der Mensch heute, weil er das spirituelle Leben nicht ergreift und hingebungsvoll genug pflegt, insgesamt in einer degenerativen Entwicklung begriffen ist. Und diese degenerative Entwicklung vollzieht sich in einem rasanten Tempo.

Was die Immunabwehr und die Gabe von Entzündungshemmern betrifft, bedarf es auch hier einer gründlicheren Untersuchung und Unterscheidung. Während es grundsätzlich von Nachteil ist, die immunologische Reaktion durch vorherige Einnahme von Entzündungshemmern von vornherein zu unterdrücken, ist bei einem schweren Verlauf von COVID-19 im späteren Stadium gerade eine übermäßige Reaktion des sogenannten Immunsystems offenbar charakteristisch und stellt die behandelnden Ärzte vor ein großes Problem, vor das sie bei einer klassischen, bakteriell verursachten Lungenentzündung kaum gestellt sind. Tatsächlich könnte es dazu kommen, dass solche Überreaktionen des

Immunsystems – gerade von vorher besonders gesunden, jüngeren Menschen ohne sichtbare Vorerkrankungen – dazu führt, dass Ärzte ihren Patienten künftig immunsupprimierende Mittel verabreichen, um die durch eine extreme Reaktion des Immunsystems verursachten Entzündungen in den Griff zu bekommen und nicht zur eigentlichen Todesursache werden zu lassen. – Geistig betrachtet würde man damit natürlich das Feuer mit Benzin löschen. Denn ebensowenig wie ein schwaches Immunsystem ist eine extreme Reaktion des Immunsystems auch kein Zeichen für einen in der Waage befindlichen Wesensglieder-Organismus. Was ist denn in Wirklichkeit das, was allgemein mit dem spirituell fragwürdigen Begriff «Immun-*System*» bezeichnet wird? Es ist eine bestimmte Tätigkeit des Ichs im Blut. Es handelt sich also nicht um ein geist-entkoppeltes, rein biochemisches *System*, sondern um ein hochkomplexes spirituelles Geschehen, das vom höchsten Wesensglied des Menschen ausgeht. Die ausgeglichene Tätigkeit des Ichs in seinem physischen Träger, dem Blut, in Bezug auf in den Organismus eindringende Krankheitserreger wird aber schon über Jahrzehnte hinweg unterminiert – geistig, seelisch und durch äußerlich physische Maßnahmen wie übersteigerte Hygiene und den exzessiven Einsatz von Antibiotika, so dass das Ich im Blut – das Immunsystem – gewissermaßen zu wenig zu tun hat. Es wird nicht mehr in die Lage versetzt, sich mit dem, was an Gutem oder auch Bösem sich in der Welt offenbart, bekannt zu machen und darauf in angemessener Weise zu reagieren. So kommt es heute vermehrt zu Überreaktionen der Immunabwehr. Auch die Zunahme von Autoimmunerkrankungen hängt damit zusammen – was meiner geistigen Wahrnehmung nach auch kein ausschließliches Problem der individuellen Disposition ist, sondern durchaus auch eine menschheitskarmische Ursache hat.

Das Argument der Angst greift also womöglich zu kurz, wenn der Ausbruch und die Verbreitung des Coronavirus in seiner gegenwärtigen Frühphase betrachtet wird. Es hat seine volle Berechtigung hingegen auf der Ebene der sozialen und wirtschaftlichen Folgen, die sich durch die Einschränkungen des öffentlichen Lebens ergeben.

Wenn es auch richtig ist, dass sich die Angst vor wirtschaftlichen Verlusten schädlich auf die Gesundheit auswirkt, wie es im Rundbrief heißt, so hat allerdings die Angst vor wirtschaftlichen oder sozialen Einbußen durch die verordneten Verhaltensmaßnahmen zur Eindämmung des Coronavirus nicht zur epidemischen Anfangs-Verbreitung des Coronavirus geführt. Diese war schließlich *vor* den sozialen und wirtschaftlichen Folgen der Einschränkung des öffentlichen Lebens da.

Die Angst und Überforderung mit den in Aussicht gestellten Szenarien wie dem sogenannten *Worst-Case-Szenario* spielen allerdings durchaus eine große

Rolle für die heutige und künftige psycho-physische Verfassung der Menschen.

Die Auseinandersetzung mit dem Phänomen des Coronavirus auf Angst, Furcht, Überforderung zu konzentrieren, erscheint aber nicht ausreichend.

Hinzu kommt die Gefahr, dass es durch die Mitteilung, man solle keine Furcht haben, zu einer missverständlichen Auffassung kommen kann. Es könnte der Eindruck entstehen, das Virus sei ungefährlich, (was es aber nicht ist, weil sich, wie gesagt, die Menschheit als solche eine Disposition für die Erkrankung erworben hat).

Darüber hinaus kann durch die wenig begründete, nämlich esoterisch betrachtet auf einem einzigen Satz Rudolf Steiners basierende Aussage, man brauche keine Angst zu haben, der Eindruck entstehen, dass irgendwann irgendwie alles gut wird. – Dies wäre aber ein fataler Irrtum. Denn nichts *wird* gut. Der Mensch muss es selbst gut machen! Andernfalls werden die menschheitskarmischen Ausgleiche oder Konsequenzen eines Tages so weitreichend sein, dass Inkarnationen kaum mehr möglich werden. So müsste es kommen, wenn man davon ausginge, dass *alles irgendwie* und *irgendwann* wieder gut wird.

Davon abgesehen, wäre es einfältig, sich vor Sorats Intentionen nicht zu fürchten. Eine gesunde Portion von (nicht beklemmender) Furcht kann lebensrettend sein. Und damit ist nicht das physische Leben, sondern das geistige gemeint.

Wenn man also sagt, dass die Furcht vor dem Coronavirus die Disposition für die Erkrankung vergrößert, was folgerichtig bedeutet, dass es sie verringert, wenn man keine Furcht hat, dann muss damit natürlich gemeint sein, dass man die Furcht gewissermaßen ersetzen muss durch eine Seelenentwicklung, durch die einem das Leben mit der geistigen Wirklichkeit so essentiell wird, dass man beim Gedanken an Krankheit und Tod nicht bis ins Mark erschaudert. Sondern wenn einem der Tod, durch welchen Umstand er auch immer durchgemacht wird, ein Vorgang ist, der sich nur wenig vom abendlichen Zubettgehen unterscheidet. (Dabei erscheinen einem selbstverständlich durch die innere Seelenentwicklung, die zur Geist-Erkenntnis führt, die Unterschiede zwischen Schlaf und Tod aus einer unmittelbaren Wahrheitsteilhabe im hellen Bewusstseinslicht.) Wenn die Unsterblichkeit seines eigentlichen, nämlich geistigen Wesens für den Menschen so selbstverständlich ist, dass er die Worte nicht mehr länger gesagt bekommen muss: «Wer an mich glaubt, wird leben, *auch wenn er stirbt*» (Joh 11, 25), dann kann der Mensch im vollständigen Frieden mit der Tatsache sein, dass er schwer erkrankt oder auch physisch stirbt, durch welches Ereignis auch immer. Eine solche innere Seelenentwicklung aber kann wiederum gerade zu einer physischen Stabilität führen, also zu einer geringeren Krankheitsdisposition.

Angst kann also nur in rechter Weise überwunden

werden (in dem Sinne, dass sie auch reale immunologische Wirksamkeit entfaltet), indem man etwas an ihre Stelle setzt, was auch die Kraft hat, sich der Angriffe, denen der Mensch gegenwärtig ausgesetzt ist, zu erwehren. Wer sich vor einer soratischen Infiltration schützen will, hat große Erkenntnisaufgaben zu leisten. Und darüberhinaus ist die Grundlage für eine realistische Einschätzung dessen, worum es sich handelt und was man effektiv dagegen aufbieten kann, einen gewissen Respekt zu haben gegenüber den Willensimpulsen der Gegengeistesmächte. Man muss also erst einmal sozusagen allen Grund haben, keine Angst haben zu brauchen. Der Mensch muss es sich wirklich leisten können, keine Furcht vor diesen Angriffen zu haben. Ein autosuggestives Sich-Vorbeten oder Sich-Vorbetenlassen, dass man keine Angst zu haben braucht, wird uns nicht über diese und vor allem nicht über noch kommende Herausforderungen hinweg bringen, die aus der erwähnten Geistesregion hervorgehen.

Ich verzichte auf das Zitieren der einschlägigen Aussagen Rudolf Steiners zu Bazillen und Viren, die bereits in fast allen Beiträgen aus der anthroposophischen Szene aufgeführt wurden, so auch im Rundbrief der Medizinischen Sektion (gesammelt vom Rudolf Steiner Verlag herausgegeben in: *Stichwort Epidemien.* Dornach 2. Aufl. 2020). Was verwundern kann, ist allerdings, dass im Rundbrief zwar die Aussage Rudolf Steiners über die *«Lügen der Menschheit»* und ihre epidemiologische Bedeutung angeführt wird, dass sie aber nicht auf die Disposition der Menschheit als solcher angewendet wird.

Ein weiterer Aspekt, der im Rundbrief aufgeführt wird, ist der Hinweis auf *Sonnenexposition* als Grundlage zur Erkraftung des Immunsystems. Dieser Hinweis wird nicht geisteswissenschaftlich vertieft, was doch aber eigentlich geschehen sollte. Denn sonst bleibt es bei Allgemeinplätzen, und man stellt keine präzise Auseinandersetzung mit dem konkreten Fall der COVID-19-Erkrankung her. Offenbar haben die Menschen diesen Zusammenhang ohnehin längst erfasst. Selten habe ich so viele Menschen sich an der Sonne bewegen sehen wie seit Beginn der Ausgangsbeschränkungen.

Vielleicht könnte man sich aber von anthroposophischer Seite aus zu einer eingehenden spirituellen Erarbeitung der spirituellen Gründe für die Vorteilhaftigkeit von Sonnenexposition in der Corona-Krise bringen. So könnte auch in diesem Zusammenhang die Bedeutung des Lichts, die Qualität des Lichts, die Erkenntnis des durchaus unterschiedlichen Wesenhaften im Licht und seiner Intentionen und Wirkungen usw. ausgearbeitet werden. Andernfalls droht die Gefahr, dass auch der Hinweis auf die förderliche Sonnenexposition eher äußerlich verstanden wird. Aber der Mensch *muss* heute verstehen lernen, *spirituell-denkerisch* verstehen lernen, *warum* sie förderlich wirkt, damit sie auch fortan noch förderlich wirken kann. Wenn er dies nicht spirituell erkennen lernt, bleibt das Ich nur unbewusst tätig. Und wenn solche Erkenntnisse nicht errungen werden, sondern der Blick auf die physische Ebene beschränkt bleibt, wird auch irgendwann die Einwirkung des Lichts auf den physischen Organismus nicht mehr nur förderlich sein. (Tatsächlich hat diese Entwicklung bereits begonnen.)

Zu den «Perspektiven»

Im Rundbrief ist unter der Überschrift *Perspektiven* die *körperliche* Dimension, die *seelische* und die *geistige* erwähnt.

Während mit Bezug auf das *Körperliche* etwa darauf hingewiesen wird, dass *«ein höherer Zuckerkonsum die Abwehrkraft»* mindert und die *«Aufnahme von Sonnenlicht»* als Stärkung zur *«Infektabwehr»*, eine *«rhythmische Tagesgestaltung»* und *«eine gesunde Ernährung»* oder *«Heileurythmie»* als Präventionsmaßnahme empfohlen werden, wird mit Bezug auf die *seelische* Dimension ein *«positive emotional style»* als *«förderlich»* ausgewiesen, der *«zu einem geringeren Erkrankungsrisiko»* führe, womit auch *«die Cortisol-Konzentration im Speichel»* korreliere. Unter dem Aspekt der *geistigen* Dimension wird von *«großen Fragen»*, die sich stellen, von einer *«wach-*

senden wirtschaftlichen, sozialen und gesellschaftlichen Bedrohung» gesprochen sowie davon, dass «das Verhältnis des Menschen zu den drei Naturreichen und insbesondere zu den Tieren eine große Bedeutung» habe, ebenso die «notwendige ökologische Neuorientierung», die «im Lichte unseres gemeinsamen kosmischen Ursprungs» erarbeitet werden könne.

Am Ende wird zwar eingeräumt, dass die COVID-19-Erkrankungen «für alle Beteiligten therapeutisch noch Neuland» seien, aber diesem Umstand wird entgegengehalten, dass «wir in der Intensivmedizin ein Wissen über die Behandlung von Atemnotsyndromen haben» sowie «therapeutische Erfahrungen der Anthroposophischen Medizin in der Behandlung von ambulant erworbenen Lungenentzündungen, die relativ oft von Viren ausgelöst werden». Außerdem könnten «unserer Einschätzung nach» «die therapeutischen Empfehlungen der Anthroposophischen Medizin […] in allen Stadien der Erkrankung eine Hilfe sein». (Spätestens an dieser Stelle kann man sich als Leser darüber verwundern, dass nicht noch die Bemerkung angefügt wurde: « – zumindest können sie wohl nicht schaden».)

Genügt das? Ist dies der Beitrag der anthroposophischen Medizin zur spirituellen Dimension des Sars-CoV-2-Virus und der COVID-19-Pandemie?

Wenn gesagt wird: «Prävention und Heilung müs-

sen also neben vielem anderen auch diese geistige Dimension einschließen», dann ist das zwar richtig, aber präziser – im anthroposophischen Sinne – wäre es wohl zu sagen, dass erst die Erkenntnis der geistigen Dimension dieses Phänomens Prävention und Heilung ermöglicht. Denn darauf beruht die einzig wirksame Medizin der Gegenwart und Zukunft.

Wenn man von anthroposophischer Seite her spirituell nicht tiefer in die Dinge eindringt, so ist die Feststellung, dass Sonnenlicht und eine positive Stimmung sich förderlich auf die Gesundheit auswirken, nicht mehr als eine Binsenweisheit, nicht mehr als eine Trivialität, die mittlerweile selbst in Kreisen einer hartgesottenen agnostischen Medizinerwelt als eine Selbstverständlichkeit gilt.

An dieser Stelle erlaube ich mir eine persönliche Bemerkung, die aber nicht aus Sarkasmus, sondern aus echter Sorge hervorgeht: Ich glaube nicht, dass dieser Rundbrief in der Welt der nicht-anthroposophischen, konventionellen Medizin auf nennenswerten Widerstand, sondern eher auf Zustimmung träfe. Damit ist allerdings nicht gemeint, dass mit diesem Rundbrief der Meilenstein erreicht sei, dass sich die konventionelle Medizin den anthroposophischen Aussagen, die in diesem Rundbrief gemacht werden, anschlösse und sich so zur anthroposophischen Menschenerkenntnis und spirituell fundierten medizinischen Forschung bekenne, sondern dass es in diesem Rundbrief kaum anthroposophische Aussagen gibt, an denen sich eine rein auf die materielle Physis gerichtete Medizin stören könnte. Denn ausgerechnet über die *geistige* Dimension des Coronavirus ist überhaupt nichts aus einer anthroposophischen Forschungsbemühung heraus gesagt worden.

Es wird mir niemand den begründeten Vorwurf machen können, ich sei in all den Jahren meiner Arbeit im Rahmen der anthroposophischen Bewegung durch Kritiküben an den Veröffentlichungen anderer Persönlichkeiten hervorgetreten, (– das Umgekehrte war wohl eher der Fall). Vielleicht lässt sich schon an dieser Tatsache erkennen, dass es mir hier nicht um ein persönliches Bekritteln geht, sondern dass meine Bemerkungen aus der großen Sorge hervorgehen, dass die von Rudolf Steiner stets geförderte und geforderte geisteswissenschaftliche Erforschung neuer Phänomene zu kurz kommt oder gar nicht geleistet wird.

Ich wiederhole, dass ich mir nicht anmaße zu glauben, einen epochalen Beitrag zu einer anthroposophischen Forschung leisten zu können, aber zumindest bemühen möchte man sich doch um eine anthroposophische Erforschung dieser uns allen gestellten Herausforderung.

Soweit zu dem Rundbrief der Medizinischen Sektion.

Versuch einer vertieften Betrachtung der Coronavirus-Pandemie

Wenn wir uns nun um eine vertiefte Betrachtung bemühen wollen, so tauchen viele verschiedene Aspekte auf, die ich zunächst als Fragen formulieren möchte, wie Sie es auch in den Zuschriften häufig getan haben, wie zum Beispiel:

- Wodurch ist das Virus entstanden?
- Warum wirkt es auf den Menschen?
- Auf welche Menschen wirkt es?
- Was sind die charakteristischen physiologischen Erscheinungen – pathogenetisch im Körper?

Mit solchen Fragen kann die unbefangene äußerlich-sinnliche und innerlich-übersinnliche Beobachtung der Phänomene beginnen. Erst dann beziehungsweise dadurch stellen sich die moralischen Fragen. Zu diesen mehr ins Moralische zielenden Fragen gehören etwa die folgenden:

- Was sind die spirituellen Ursachen
  für die Entstehung dieser Pandemie?
- Wie verhält man sich seelisch in dieser
  Situation?
- Welche Krisen und welche Chancen können
  aus dieser Situation hervorgehen?
- Was sind die Aufgaben jetzt und
  für die Zukunft?

- Können effektive, durch die Geisteswissenschaft zutage geförderte Mittel zur Behandlung und zur Prävention gefunden werden?

Antworten auf die moralischen Fragen können sich in der Hauptsache durch die *übersinnliche* Beobachtung des Phänomens ergeben. Für die vorurteilslose Wahrnehmung der Dinge und Ereignisse ist, wie gesagt, eine moralische beziehungsweise moralistische Bewertung hinderlich. Um eine aus dem Subjektiv-Persönlichen heraus sich bildende moralische Wertung kann es ohnehin nicht gehen. Die Fragen müssen aus dem höheren moralischen Leben eines geistigen Bewusstseins beantwortet werden. Denn die gesamte Problematik mit all ihren Facetten *ist* selbstverständlich durch und durch ein im höheren Sinne moralisches Phänomen.

Was sich in unserer irdischen Lebenswelt als viele verschiedene Aspekte darstellt, gehört in der geistigen Wirklichkeit zusammen, ist das Wesen *eines* Wesens, und so erlebt es auch die menschliche Seele, wenn sie nach dem Tod oder in der Meditation, in der geistigen Forschung die geistige Welt zu ihrer Lebenswelt macht. Dennoch müssen diese Aspekte hier, in der irdischen Lebenswelt, erst als einzelne Phänomene mit bestimmten Charakteren betrachtet und voneinander differenziert, also erkannt werden, bevor sie wiederum in der geistigen Bewertung zusammengeschaut werden können. Man darf während dieser Arbeit aber nicht vergessen, dass sie nie für sich allein stehen. Eine strukturelle Separierung ist aber zunächst notwendig, weil sonst das geschieht, wovor man sich in der Begegnung mit der geistigen Welt während der Meditationszustände grundsätzlich in Acht nehmen muss: Es würde ansonsten alles zu einem undurchschaubaren Gemenge vermischt durch unsere eigene Seelenverfassung, durch unsere Vorstellungen, Gefühle und Intentionen. Auf diese Weise erzeugte man kein zutreffendes Bild von dem Untersuchungsgegenstand. Seine verschiedenen Aspekte sind in der geistigen Wirklichkeit nämlich durchaus strukturiert und sinnvoll zusammengefügt.

Es wird mir allerdings nicht gelingen, in der kurzen Zeitspanne, die mir für eine Reaktion auf Ihre zahlreichen Zusendungen und Anfragen zur Verfügung steht, diese Struktur in meiner Betrachtung wiederzugeben. Sie erhalten, wie schon eingangs gesagt, ein aphoristisches Stückwerk, das Ihrer Übersicht und Gewandtheit bedarf, um überhaupt zu einem Beitrag in der Sache zu werden.

Zur Frage nach der spirituellen Ursache des Sars-CoV-2-Virus

Die größte Schwierigkeit der Menschheit besteht aktuell darin, dass sie das Ich nicht anerkennen will, das heißt die Realität ihres eigenen geistigen Ursprungs und Ziels, die Realität ihrer selbst als Gemeinschaft von Wesenheiten rein geistiger Natur, die an dem gegenwärtigen Zeitpunkt zu materieller Stofflichkeit verdichtete Hüllen bezogen haben. Nur wenn aber diese Einsicht da ist, wird überhaupt das Leben (ein als wirkliches *Leben* zu bezeichnendes Dasein) in Zukunft auf der Erde für die Menschheit weitergehen können. Denn für alles, was man beginnen will, in Forschung und Praxis, braucht es mittlerweile das klare Bewusstsein und Verständnis dafür, dass die *unsichtbare* Gedanken-, Gefühls- und Willenssphäre und die *sichtbaren* Sphären der Natur (Mineral-, Pflanzen- und Tierreich) in einem ebenso unmittelbaren wie untrennbaren Zusammenhang stehen.

Wenn man diese Sphären voneinander in der Vorstellung scheidet, ergibt sich nach außen das heutige als *objektiv* und *sachlich*, als *unbestechlich* und *illusionsfrei* gepriesene wissenschaftliche Denken. Nach innen ergeben sich Abkapselungen vom geistigen Leben. Diese sind zunächst «nur» in der Geistessphäre sichtbar und erlebbar. Wenn sie aber über einen bestimmten Punkt hinausgetrieben werden, beginnen sie sich auch in der physischen Sinneswelt zu manifestieren, unter anderem als Krankheitserreger und -herde, die innerhalb eines Lebensorganismus auftreten und sich in ihm parasitär vermehren.

Eine *andere* Welt entsteht durch diese parasitären Abkapselungen, die im gut-göttlichen Entwicklungsplan der Menschheit gar nicht enthalten ist. Wenn der Mensch sein Ich und dessen Bedeutung, Aufgabe und Möglichkeiten anerkennt, beginnt die *moralische Individualisierung*, seine selbst gewollte Reife vom Geschöpf zum *neuen Gott*. Wenn er sein Ich und dessen Bedeutung, Aufgabe und Möglichkeiten *nicht* anerkennt, beginnt ein *amoralisches Sondersein*, beginnt seine selbst verantwortete Degeneration vom göttlichen Geschöpf zu einer *neuen*, zuvor nicht dagewesenen und auch nicht im höheren Sinne vorgesehenen *unter-sinnlichen Kreatur*. Dann vollzieht der Mensch in sich die Abspaltung vom Ganzen und zieht all dasjenige der ihm geschenkten Lebenswelt mit sich, was er für seine weitere Degeneration aus ihr heraussaugen kann.

Objektivität in der Forschung, im Denken, ist nur dann gegeben, wenn man die gesamte seelische Innenwelt des Menschen *nicht* von den physisch-sinnlichen Erscheinungen trennt, von denen der Mensch umgeben und durchwirkt ist. (Dazu braucht es natürlich eine gute Schulung, so wie es auch einer guten Schulung bedarf, wenn man ein äußeres Handwerk beherrschen will. Denn es kommt darauf an, die unterschiedlichen Bezüge der vielfältigen Seelenvorgänge und Sinnesphänomene richtig einzuordnen und einander richtig zuzuordnen und nicht mit allgemeinen Begriffen zu arbeiten, wie es in esoterischen Kreisen zuweilen getan wird. Ein prosaischer Vergleich: Will man einen Schokoladenkuchen backen, muss man schließlich auch ganz bestimmte Zutaten zueinander stellen; während man nicht zum Ziel kommt, wenn man Sauerkraut und Leberwurst verwendet und sich allgemein darauf beruft, dass es beim Kuchenbacken darauf ankomme, Lebensmittel zu verwenden.) Das Zusammenspiel der seelisch-geistigen Wirklichkeit mit der physischen Welt – man könnte auch sagen, die sinnlich-materielle Manifestation der seelisch-geistigen Wesen und ihrer Aktivitäten – ist so komplex, dass man sich zu ihrer Erkenntnis die entsprechenden Voraussetzungen schaffen muss. Aber eben dies ist die Aufgabe des menschlichen Ichs seit dem Beginn des Bewusstseinsseelen-Zeitalters!

Bei der Untersuchung von komplexen Geschehnissen und beim Umgang mit ihnen muss der Mensch wirklich nicht nur zu einem anfänglichen Ahnen kommen, dass sein eigenes Innenleben und das makrokosmische Weltenleben miteinander in direkter Verbindung stehen, sondern er muss sich echte Klarheit über die *Details* verschaffen durch ein geistiges Erforschen der Zusammenhänge zwischen Mikrokosmos und Makrokosmos und zwischen den (sinnlich)

sichtbaren und (sinnlich) unsichtbaren Sphären vor-
rücken. – In Hinsicht des vorliegenden Phänomens,
der Coronavirus-Pandemie, muss man, soweit man
die Werkzeuge durch Anthroposophie ergreifen
kann, unbedingt versuchen, von Allgemeinplätzen
wegzukommen und hin zu einer wirklichen geisteswissenschaftlichen Tätigkeit.

Die *Ursache* dieser Coronavirus-Pandemie, die sich
nach meinem geistigen Verfolgen des Problems ergibt, mag nun zunächst wie ein Klischee, wie ein
eben solcher Allgemeinplatz erscheinen. Aber ich
kann keine andere Ursache finden. Im Gegenteil,
wenige auf der Erde derzeit auftretende Phänomene
erscheinen in ihrer Ursache so eindeutig.

Die Ursache besteht nach meiner Erkenntnis im
Materialismus, der über die ganze Erde ausgebreitet
ist, und zwar speziell in der gegenwärtig dominieren-
den materialistischen *Gedankenart* der Menschheit.

Allerdings sind gegenüber dieser einfach erschei-
nenden Feststellung die Entstehung, der Verlauf und
die Auswirkungen des Problems umso komplexer.
Und es bedarf nach dieser einfach erscheinenden
Feststellung und Begründung viel forscherischer
Arbeit, um die weitverzweigten Mechanismen dieses
Geschehens herauszuarbeiten.

Dies zeigt sich schon allein am Verfolgen des Weges, den der Materialismus in der Menschheitsentwicklung genommen hat.

Denn zum einen ist der in Rede stehende Materialismus nicht plötzlich auf der Erde dagewesen, sondern für seine Ausbreitung waren verschiedene Schritte notwendig, die von unterschiedlichen Volksgruppen zu unterschiedlichen Zeiten der Menschheitsentwicklung getan wurden. Zum anderen hat sich der Materialismus selbst (durch diese Völker, Länder und Zeiten) verwandelt, bis er zu der heutigen weitgehend globalen Weltanschauung geworden ist. Es geht heute um einen *theoretischen* Materialismus neben dem klassischen *praktischen*. Dahingehend hat der Materialismus in jüngster Zeit einen Punkt überschritten, der zu einem Wendepunkt geworden ist.

Die Voraussetzung dafür (obwohl diese Entwicklung hätte anders verlaufen können, denn der Mensch ist ein freies Wesen gerade im Zeitalter der Bewusstseinsseelen-Entwicklung) war das Ereignis, welches Rudolf Steiner als den «Sturz der Geister der Finsternis» auf die Erde im Jahr 1879 bezeichnet hat (vgl. *Die spirituellen Hintergründe der äußeren Welt. Der Sturz der Geister der Finsternis.* GA 177). Die Konfrontation mit den Geistern des Materialismus ist an diesem Punkt endgültig in die einzelne Seele verlegt worden, das heißt, dass von diesem Punkt an jedes auf der Erde sich inkarnierende Menschen-Ich mit der Frage konfrontiert ist: Gibt es neben dieser physischen Sinneswelt auch eine schöpferische geistige, in der mein eigenes Wesen urständet, oder nicht? Diese Frage muss jedes Ich in sich beantworten. – Dass dies nicht geschieht, sondern offenbar viele Menschen-Iche dieser Frage gegenüber insoweit schlafen, dass sie ihre Beantwortung wenigen Anderen, und zwar den Bekämpfern der spirituellen Weltanschauung, überlassen und sich gedanken- und willenlos der materialistischen Weltanschauung anschließen, ist dabei der eigentliche Wendepunkt in der Menschheitsentwicklung, den wir mittlerweile durchschritten haben – mit gravierenden Folgen.

Es ist also der Materialismus in der gedanklichen Auffassung des Menschen von der Welt und von seiner eigenen Wesenheit, der in einer neuen Form zerstörerisch wird.

Es steht natürlich außer Frage, dass jene ahrimanischen Inspirationen, welche sich in der digitalen Vernetzung, in der Informations-Globalisierung manifestieren, die Ausbreitung des Gedanken-Materialismus in einer pandemischen Weise erst möglich gemacht haben. Entsprechend global und blitzartig, unkontrolliert breitet sich auch der materielle Abkömmling dieses Gedankenmaterialismus aus: das Coronavirus.

Das einzelne Ich hätte eine konkrete Erkenntnisaufgabe gehabt in den letzten 150 Jahren, und es hatte gute Voraussetzungen dafür, diese Aufgabe zu bewältigen. Stattdessen hat gerade das Sich-Hingeben des einzelnen, mit allen Voraussetzungen zur Geist-Erkenntnis ausgestatteten Ichs an eine grup-

pen- oder menschheitsübergreifende Ideologie, hat
die Absage an die geistige Wirklichkeit und spirituelle Verantwortung des Einzelnen für das Ganze eine
völlig neue Dimension der geistigen und dadurch
physischen Folgen angenommen. – Im Jahr 1911
zeichnete Rudolf Steiner ein einfaches, umso klarer
verständliches Kurvendiagramm an die Tafel (hier
aus GA 131: *Von Jesus zu Christus*, Dornach 1988):

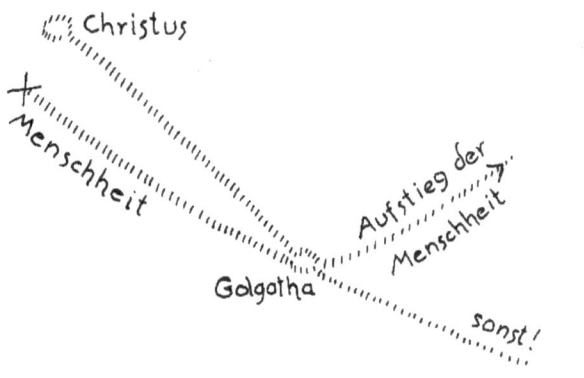

1924, in der ersten Klassenstunde, benannte und
charakterisierte er dann deutlich die «Erkenntnis-
feinde der Gegenwart» und ihre Wirkungen (GA
270: *Esoterische Unterweisungen für die erste
Klasse der Freien Hochschule für Geisteswissenschaft am Goetheanum 1924*).

Man muss sich klar machen, dass das, was aus der geisteswissenschaftlichen Forschung heraus gesagt wird, nicht eine bloße Erzählung ist, eine abstrakte Mitteilung, über die man philosophieren kann, ohne dass sie für das eigene Leben eine echte Bedeutung hätte, die man *am eigenen Leibe* zu spüren bekommt. Die Geisteswissenschaft fördert Erkenntnisse zu den *realen*, am eigenen Leib spürbaren Lebensbedingungen und Erscheinungen zutage, die sich aufgrund geistiger Tatsachen auf der Erde ergeben. In einem Zeitalter, in dem die Menschheit aus einzelnen, selbstverantwortlichen Individuen besteht, wirkt sich die Absage an das spirituelle Leben ungleich gravierender aus als je zuvor im Verlaufe der Menschheitsentwicklung.

Statt eines Ich-geführten freien sozialverantwortlichen Zusammenwirkens der individuellen Menschen ist die Ich-Tätigkeit nicht zu ihrer vollen Wirksamkeit gekommen, so dass es heute große Zusammenschlüsse von Menschen gibt, die – über die ursprüngliche Epoche, den dafür geeigneten Zeitraum hinaus – das *Gruppenseelenhafte* zur Geltung bringen. In diesen gedanklich-pandemischen Zusammenschlüssen der Menschen sprechen sich Selbst- und Gruppenbedürfnisse über eine korrumpierte, vom Ich nicht eroberte Verstandesseelenaktivität aus.

Bis zu dieser (bisher) nicht ergriffenen historischen Chance, in der *individuellen* Konfrontation mit den ahrimanischen Geistern zu einem Aufwachen des Geistbewusstseins und zur Tätigkeit der Bewusstseinsseele vorzuschreiten, sind, wie gesagt, viele Stationen durchlaufen worden. Der Mensch hat sie selbst verursacht, und befördert sind sie von jenen Geistern, die die spirituelle Entwicklung des Menschen lähmen wollen.

Dass diejenige Art des Materialismus in der Welt ist, die wir heute haben, gründet sich aber zunächst auf einen Entwicklungsschritt, der an sich nicht destruktiv gewesen ist. Das ist die Blütezeit des intelligenten Denkens des Verstandesseelenzeitalters im antiken *Griechenland*. Wenn von einer Blütezeit gesprochen wird, geht daraus hervor, dass in den Zeiten, die auf sie folgen, die betreffende Blüte allmählich verwelkt, faulig wird.

Ab hier lässt sich die Spur, der Siegeszug des Materialismus durch die europäischen Länder, der für die gegenwärtige Virus-Pandemie verantwortlich ist, verfolgen. Neben anderen markanten Schritten auf diesem Weg des Dahinwelkens der für den Menschen einst förderlichen Verstandesseelenkultur sei die politische und geistige Machtübernahme und jahrhundertelange Vormachtstellung *Roms* in der antiken Welt erwähnt; dann die Übernahme dieses Prinzips durch die dortigen Vertreter des christlichen Glaubens, der *römischen Kirche;* der mächtige spirituelle Angriff auf die hygienische Ausbildung der Bewusstseinsseelen-Kultur vor der Vollendung der Verstandesseelen-Epoche durch die Impulse der Akademie von Gondishapur im heutigen *Iran*; der zweite Krisenhöhepunkt in der Zeit der Templer-Verfolgung durch den *französischen* König Philipp IV., durch den der neuzeitliche Materialismus in Bezug auf den Mammon eingeleitet wurde; schließlich die Erstarkung der katholischen Kirche in *Spanien* und Spaniens territoriale Machtansprüche sowie unvergleichlichen Beutezüge in der Neuen Welt; die (unbestritten notwendigen) Impulse der aus *Deutschland* und der *Schweiz* ausgehenden Reformation, deren Konsequenz allerdings die vollständige Ent-Spiritualisierung der christlichen Religion bedeutete, die nach und nach auch die skandinavischen Länder erfasste, was eine Vorbereitung zu der heutigen naturwissenschaftlichen Weltauffassung darstellte; die Pervertierung des wirtschaftlichen Denkens in *England* sowie die *Inkorporation* des Kapitalismus in den *Vereinigten Staaten von Amerika*; und schließlich ein sich in Form des Kommunismus manifestierender Materialismus im damaligen *Russland* und in jüngster Zeit in anderen formal kommunistischen Ländern.

Dies ist nur ein bruchstückhafter Teil jenes Weges, der zu dem gegenwärtigen Materialismus hinführte, und dabei habe ich nicht einmal die philosophisch-spirituellen Marksteine erwähnt, sondern lediglich einen Ausschnitt der geopolitischen Spur verfolgt. – Zweifellos spielt dabei Europa die entscheidende Rolle, bis diese Rolle nach dem Ende des Ersten Weltkrieges von den Vereinigten Staaten von Amerika übernommen wurde.

Wenn wir nach den aktuellen Angriffen auf den Bewusstseinsseelen-Impuls suchen, müssen wir nicht weit umherschauen. Das angeblich rein objektive, naturwissenschaftliche Denken und die durch dieses Denken überall verbreitete materialistische Grundauffassung von dem Wesen der Welt und dem Wesen des Menschen prägt auch unseren Alltag, von der Schulzeit angefangen. Sie hat auch vor den Waldorfschulen nicht haltgemacht (– Ausnahmen bestätigen die Regel), sondern innerhalb weniger Jahre die Waldorfpädagogik in ihrem eigentlichen Wesenskern beinahe vollständig erstickt. Solche Entwicklungen vollziehen sich nicht wie von Geisterhand ohne Beteiligung des Menschen, sie werden durch Menschen wie uns verwirklicht. Es kann dies aber nur deshalb eintreten, weil der einzelne Mensch sich seiner Menschheitsaufgabe nicht bewusst wird, die ihm in der gegenwärtigen Inkarnation übertragen ist. Nur dadurch kommt es zur unreflektierten Übernahme von Urteilen und Anschauungen, die als flächendeckende «Trends» zyklisch und immer schneller durch die Menschheit wogen. Dies sind im spirituellen Sinne *alte*, nämlich gruppenseelenhafte Strömungen, die nicht zu Unrecht als «Mainstream» bezeichnet werden. Denn es ist wirklich ein breiter Strom, der alle Menschen mitreißt, die in ihrem Ich-Bewusstsein entweder tief schlafen oder – wenn sie sich auch einbilden, wach zu sein – doch zumindest träumen und darum keinen Willen entwickeln, gegen die Strömung anzuschwimmen.

Dieser weltanschauliche Mainstream eines entweder offen zu Tage tretenden Materialismus oder eines durch esoterisch angehauchte, schwärmerische Oberflächlichkeit verkleideten Materialismus geht auf das objektive naturwissenschaftliche Denken zurück, und damit ist dieser materialistische Weltanschauungsmainstream ebenso wie sein Impulsgeber, das scheinbar vorurteilslose naturwissenschaftliche Denken der Gegenwart, ein Träger der Impulse von Gondishapur, welche tatsächlich in diesem Zusammenhang wieder auf«leben». Sie sind direkte Bekämpfer des Impulses der Bewusstseinsseelen-Entwicklung, den das einzelne Ich aber aufgreifen muss, wenn die Menschheit ihr Erdenziel eines Tages erreichen will.

Wenn man vor diesem (sehr bruchstückhaft skizzierten) Hintergrund auf das sogenannte *Coronavirus* und die durch es verursachte *Pandemie* blickt, wenn man die eigentliche Ursache in der materialistischen Denkart des Menschen während der gegenwärtigen, eigentlich unter den Impulsen des wahren Zeitgeistes Michael stehenden Epoche des Bewusstseinsseelen-Zeitalters erkennt, dann kann einem – vor allem, wenn man die entsprechenden Erkenntnisse Rudolf Steiners dazu wahrgenommen hat – durchaus aufgehen, *welche* geistige Wesenheit die gegenwärtigen Ereignisse (und nicht nur diese) befeuert. Seit dem Jahr 1998 stehen wir im dritten Zyklus des soratischen Einschlags in die Menschheitsentwicklung. (Der erste ereignete sich in der Zeit um das Jahr 666 und fand sein Zentrum in den Aktivitäten der Akademie von Gondishapur, der zweite in der Zeit um das Jahr 1332, als er seinen äußeren Ausdruck im Auftreten des wohl ersten, in seinem rein *Persönlichen* vom Materialismus durchdrungenen Menschen fand, der die Auslöschung des Templer-Ordens initiierte.)

Der gegenwärtige dritte Einschlag dieser Gegengeistesmacht hat eine andere Dimension als die beiden vorhergehenden Einschläge, weil er im Zeitalter der Bewusstseinsseele stattfindet, also zu einer Zeit, in der dem einzelnen Menschen potenziell die Kräfte zur Verfügung stehen, um jener Macht etwas entgegenzusetzen, und zwar sich selbst, sein Ich-Bewusstsein.

Damit unterscheidet sich diese materielle (allerdings lediglich mikroskopisch kleine, bis zur sinnlichen Unsichtbarkeit verdünnte materielle) Infiltration spirituell betrachtet von anderen Krankheitserregern, die in früheren Zeiten die Menschheit heimgesucht haben. Sie hat – zunächst rein spirituell betrachtet – eine andere Wucht und Bedeutung, auch wenn die Bedrohung menschlichen Lebens durch Viren kein unbekanntes Ereignis darstellt. Aus diesem Grund, durch das Überschreiten des erwähnten Punktes im Zeitenlauf und durch das dritte Aufwallen des Sorat-Impulses, unterscheidet es sich auch von den saisonalen Influenza-Epidemien.

Tatsächlich ist das Auftreten von sogenannten humanpathogenen Viren, also Viren, die dem Menschen gefährlich sind, durchaus ein recht junges Phänomen in der Menschheitsgeschichte. Und auf diesen Punkt sollte man bei der Annäherung an eine geisteswissenschaftliche Einordnung des gegenwärtigen Geschehens durchaus einen zumindest kurzen Blick werfen.

In vielen anthroposophischen Betrachtungen, die ich bisher wahrgenommen habe, tendiert man dazu, Bakterien und Viren in einen Topf zu werfen, weil man sich auf Formulierungen Rudolf Steiners dabei bezieht. Da Bakterien und Viren beide – spirituell betrachtet – *unter-sinnlichen* Ursprungs sind, also ins Materielle verdichtete Impulse von *ahrimanisch* tingierten Geistern darstellen, ist dies auch richtig und zulässig. In der genaueren Untersuchung des gegenwärtigen Geschehens ist es aber ratsam, sie zu differenzieren.

Vom Charakter der Bakterien

Infektiöse Erreger, nämlich in Form von *Bakterien* (oder Bazillen) hatten in früheren Zeiten und noch bis in die jüngere Vergangenheit hinein eine andere Wirkung auf den Menschen (vor allem in geistiger Hinsicht). Man könnte sogar – wenn man die Sache weit fasst – sagen, dass sie durchaus einen gewissen für die Menschheitsentwicklung *förderlichen* Zweck erfüllten, oder zumindest konnten sie als Ausflüsse der widerstreitenden Geister von den gut-göttlichen Geistern noch für das Erreichen eines bestimmten Entwicklungspunktes genutzt werden, bis zu dem die Menschheit damals gebracht werden musste: nämlich bis zum Punkt des vollen irdischen Selbst-Bewusstseins. Die Konfrontation mit Bakterien oder Bazillen war eine Art von (recht unangenehmem) Anstoßen an die sinnlich-materielle Welt, das für die Ausbildung des Selbst-Bewusstseins genutzt werden konnte.

In jenen Epochen, innerhalb derer dieser Prozess zeitgemäß war, konnte aber von einem Karma-Verständnis, wie es der Mensch heute sich selbst und der Welt gegenüber haben muss, überhaupt noch nicht die Rede sein. (In meinem Buch aus der Reihe *Beiträge zum Verständnis des Christus-Ereignisses* ist in dem Band IV, *Von Krankheiten und Heilungen, Dornach 2015*, Kap. *Die Krankheiten heute* – im Gegensatz zu den Krankheiten in der Zeitenwende – dazu etwas angedeutet.)

Zur Unterscheidung

Die pandemischen Infektionen früherer Epochen, die durch *Bakterien* ausgelöst wurden, sind ein Charakteristikum des Zeitalters der *Empfindungsseele* und des Zeitalters der *Verstandes- oder Gemütsseele*. Für ihre Verbreitung war stets das *Wasser-Element* die Brücke, das heißt Tröpfcheninfektion oder direkte Aufnahme kontaminierter Flüssigkeiten.

Blicken wir kurz auf die großen bakteriellen Seuchen des Zeitalters der Empfindungsseele und des Zeitalters der Verstandes- oder Gemütsseele, die wir auch als Erkrankungen der Menschheit in ihrem Entwicklungsabschnitt des Gruppenseelen-Zustands bezeichnen können:

Lepra
Vergleichsweise wenig ansteckend, da es für die Übertragung, die Tröpfcheninfektion, einen engen Kontakt braucht. Diese Bakterien haben schon vor Jahrtausenden als Plage der Menschheit eine Rolle gespielt, und sie haben sich seither kaum verändert. Sie wurden für den Menschen gefährlich in der Zeit, als der Ätherleib etwa deckungsgleich mit dem physischen Leib wurde und das Ich einziehen konnte.

Etwa in der Mitte der fünften atlantischen Epoche entstanden die Bedingungen dafür, dass diese Bakterien dem Menschen etwas anhaben konnten. Der unter anderem in der Bibel oft genannte *Aussatz* war damals eine Folge der eigenen Taten oder der Taten der Verwandten, die sich innerhalb desselben Lebens als karmisches Sinnbild dem Verständnis des Betroffenen offenbarte, um die menschliche Seele auf ein Verständnis der höheren Moral vorzubereiten.

Der Übertragungsursprung der Lepra ist eine Zoonose (ein Sprung des Erregers vom Tier auf den Menschen).

Pest

Hoch ansteckend. Bei der Lungenpest ist eine direkte Nähe, also ein sehr geringer Abstand zum Infizierten Voraussetzung für eine Ansteckung. Ebenfalls übertragen durch Tröpfcheninfektion. Im Gegensatz zu den Influenza-Viren sterben die Pestbakterien in der Luft rasch ab. Der Tod tritt aufgrund einer Blutvergiftung ein. Der Ursprung der Pest soll in Ostasien im 13. Jahrhundert liegen. Eine epidemische Verbreitung tritt in zeitlicher und geistiger Folge auf den zweiten Einschlag der Sorat-Wesenheit ein, nämlich im Ausklang der vierten Kulturepoche.

Der Übertragungsursprung ist ebenfalls eine Zoonose.

Cholera

Infektion direkt über Wasser mit Fäkalienverunreinigung, seltener über verunreinigte Nahrung. Wichtigste Behandlungsmaßnahme ist der Ausgleich des infolge von Durchfall und Erbrechen eintretenden Flüssigkeitsverlusts und die Gabe von Zucker und Salzen. Zwar haben Forscher Cholera-Bakterien bis ins 6. Jahrhundert v. Chr. nachgewiesen, epidemisch gefährlich wurde der Erreger aber erst gegen die Zeitenwende hin. (Siehe wiederum in: *Von Krankheiten und Heilungen*, über das Baden im Teich Siloah und im Teich Bethesda ohne Folgen.)

Typhus

Eine den gesamten Organismus betreffende Infektionskrankheit durch einen Bazillus, also ein Stäbchenbakterium. Es wird fäkal-oral übertragen, beispielsweise durch verunreinigte Nahrungsmittel oder verschmutztes Wasser. Es ist ein intrazellulärer Erreger, der sich in Lymphe und Blutbahn ausbreitet. Die sogenannte *Attische Seuche* während des Peloponnesischen Krieges (über dessen spirituellen Hintergrund Andeutungen in meinem Buch *Die sieben Mysteriendramen Rudolf Steiners, Dornach 2016*, gemacht sind) war offenbar eine Typhus-Epidemie. Infektionsursprung mit diesem Salmonellen-Erreger beziehungsweise die Voraussetzung für eine spätere Epidemie wurde mit dem Beginn der Viehzucht geschaffen. Typhus wurde aber ebenfalls erst gegen

Ende des Zeitalters der Empfindungsseele zur Bedrohung für den Menschen.

Milzbrand

Durch das Anthrax-Bazillus hervorgerufene Infektionserkrankung, das eigentlich pflanzenfressende Tiere, zumeist Paarhufer, befällt, sich aber auch auf den Menschen übertragen kann. Milzbrand ist eigentlich von der Betrachtung auszuklammern, weil eine Übertragung von Mensch zu Mensch bisher nicht der Fall war, weshalb es (auf natürlichem Wege) auch keine epidemische oder gar pandemische Verbreitung gegeben hat. Eine Erkrankung, die schon antike griechische und römische Dichter beschrieben.

Tuberkulose

Wie die Lepra durch Mykobakterien ausgelöst. Neben der Lepra vielleicht die älteste epidemisch auftretende Infektionserkrankung. Übertragung zumeist durch Tröpfcheninfektion. Sie erhält im Zeitalter der Bewusstseinsseele allerdings eine neue Bedeutung, nämlich durch das erste Auftreten einer menschheitskarmischen Folge von wahnhaften Vorstellungen und breitet sich seitdem zunehmend *aerogen* (also über die Luft) aus. (Spirituell betrachtet kann eine gewisse Beziehung gesehen werden zwischen der bakteriellen Tuberkulose und der viralen COVID-19-Erkrankung. Man könnte sagen, diese

Beziehung besteht in einer Art Polarität. Sie kann an dieser Stelle nicht vertieft betrachtet werden.)

Abgesehen davon, dass man Bakterien als (primitive) *Lebewesen* bezeichnen kann, die über einen Zellaufbau, einen Stoffwechsel und die Fähigkeit zur Vermehrung durch Zellteilung verfügen, (in Letzterem, der Vermehrung, wirken allerdings *nicht* die produktiven Schöpferkräfte, die in der Fortpflanzung von Tier und Mensch wirken!), wodurch sie sich schon in ihrem eigenen Habitus von Viren unterscheiden, spielt zu ihrer Übertragung also das Wasserelement die entscheidende Rolle. Und sie zeichnen sich als typische Erkrankungen aus, die in der Zeit vor und um die Zeitenwende sowie bis zum Beginn des Zeitalters der Bewusstseinsseele ihren Ursprung und ihre «zeitgemäße» Bedeutung haben, also auf den Menschen trafen, der noch nicht in dem Maße wie heute den Auftrag zur Ich-Aktivität erhalten hatte. Die durch sie verursachten Epidemien betreffen – im Zeitalter des gruppenseelenhaften Menschenzusammenhanges – hauptsächlich das Gruppen- oder Volkskarma.

An dieser Stelle können wir zu den *Viren* übergehen.

Vom Charakter der Viren

Viren als Verursacher von lebensbedrohlichen Erkrankungen des Menschen sind eine Plage, die für
die Entwicklungsprozesse *nach* dem Christus-Ereignis, im Zeitalter der Bewusstseinsseele eine bedeu-
tende Rolle spielen – allerdings eine nicht gerade
konstruktive. Denn während die Bakterien-Infektio-
nen der vorchristlichen Ära und vielleicht auch noch
bis zum Anbruch des Zeitalters der Bewusstseinsseele dem Menschen in der Hinsicht dienlich werden
konnten, dass er in seinem Wesen immer irdischer
wurde, (denn er musste sich einmal ganz mit dem
materiellen Erdendasein verbinden, um durch geistige Bewusstseinskraft und durch das Ich-Bewusstsein bereichert, sich wieder von diesem abzustoßen
und in die göttlichen Höhen aufzusteigen, aus denen
es herabgefallen ist), ist dem Menschen heute nicht
mehr damit gedient, immer irdischer zu werden. Er
muss, im Gegenteil, heute immer geistiger werden.

Die untersinnlichen Geister, die ihn davon abbrin-
gen wollen, gehen mit den Viren auf diese spirituelle
Entwicklungsepoche unmittelbar ein, indem sie die
Versäumnisse des einzelnen Menschen im Verhältnis
zu seinem Geist durch die Freisetzung von Partikeln
quittieren, die von einer erheblich «verdünnteren»
Wesensart sind als die Bakterien. Damit ist nicht nur
die physische Größe der Viren gemeint, die um das
bis Tausendfache geringer ist, sondern ihr geistiger

und physischer Aufbau. Da Viren nicht aus Zellen aufgebaut sind und keinen eigenen Stoffwechsel vollziehen, sondern lediglich einen Bauplan zu ihrer Vermehrung enthalten, welche sie nur innerhalb der Zelle eines sogenannten Wirts verwirklichen können, sind sie, wie gesagt, keine *Lebewesen* wie die Bakterien. Mehr noch: Viren erhalten sich durch das Prinzip von Fehlern, die bei ihrem Kopiervorgang auftreten und passen sich oft so der für sie optimalen Situation an. Sie stehen damit dem Grundsatz göttlicher Ordnung, nämlich den Prinzipien des Wahren, Schönen und Guten, die der Arbeit der produktiven Schöpferkräfte im Menschen zugrunde liegen, diametral entgegen. Was in der menschlichen Physis den Zelltod nach sich zöge, stellt gerade die Optimierung des viralen Daseins dar. Schon dies lenkt die Aufmerksamkeit auf die geistige Art eines Virus.

Die Fähigkeit zur Reproduktion der menschlichen Zelle – Grundlage für die Wirksamkeit der produktiven Schöpferkräfte innerhalb des physischen Leibes – wird nun von dem Virus missbraucht zur Replikation seines eigenen Programms, seiner eigenen *Wesensart*. Dabei ist von *Wesenhaftem* an sich nicht zu sprechen, sondern nur von einer Art physisch gewordenem Träger von untersinnlichen, *gegen-geistigen* Impulsen (Gedanken- und Willensimpulsen), die in die innerste Physis eines lebendigen Organismus eingeschleust werden.

Die Grundlage zur Entstehung von Viren war erst

mit dem Anbruch der gegenwärtigen Erdeninkarnation gegeben, durch den Einzug jener mächtigsten untersinnlichen Geister in die Tiefen des okkulten Erdenleibes, die Teil der siebenstufigen Erdenentwicklung sind, die *Asuras.* Durch ihren Eingriff in den irdisch werdenden Menschen, und zwar in die Grundlage seiner materiellen Physis (die DNA beziehungsweise RNA), wurde etwas von der ursprünglichen göttlichen Geistigkeit, die dieser menschlichen materiellen Physis zugrunde liegt, *abgesondert,* um später absichtsvoll zum Menschen zurückgetragen zu werden, nämlich in Form des viralen Vermehrungsbauplans. Doch durch die Absonderung und Besetzung des Abgesonderten durch die in es hineingebrachte Geistigkeit der Asuras ist dieses vormals vom Menschen Abgetrennte nicht mehr *menschlich.* Es ist nicht mehr ein lebendiger Teil seines physischen Organismus, wenn er mit ihm wieder in Berührung gebracht wird. Es hat aber dadurch, dass sein genetisches Material sozusagen mit dem des Menschen verwandt ist, eine enorme willenshafte Wirkungskraft auf den menschlichen Leib.

Etwas im Naturhaushalt beinahe Unmögliches ist dadurch möglich geworden: Es gibt organische Objekte, die den Plan zu ihrer eigenen Vervielfältigung unabhängig von dem eigentlichen, lebendigen Organismus, aus dem sie sich abgespalten haben, in sich tragen. Um ihn aber umzusetzen, bedienen sie sich parasitär in jenem lebendigen Wesensorganismus der produktiven schöpferischen Kräfte, über die die Asuras von sich aus nicht verfügen, weil sie ihre Ich-Entwicklung während der alten Saturn-Zeit nicht abgeschlossen haben, weswegen sie auch den Viren keine Vervielfältigungskräfte einflößen können. Die Vermehrung in den Zellen des Wirts ist, spirituell gesehen, aber nur das Vehikel zur Übertragung eines geistigen, und zwar unter-geistigen, im höheren Sinne amoralischen Impulses in den Menschen. Er muss während seiner Inkarnation sein eigentliches geistiges Wesen mit dem Physisch-Materiellen verbinden und bildet über dieses Physisch-Materielle Vorstellungen. Eine Infektion mit dem Virus lenkt dann die Aufmerksamkeit des Ich-schlafenden Menschen wiederum auf die rein materiell-physischen Vorgänge, sie bekräftigt seine bereits zuvor eingenommene materialistische Weltanschauung. So wirkt ein geistiger (untersinnlich-geistiger) Impuls über das Physische in die menschliche Seele ein.

Was die Wieder-Einschleusung des ursprünglich aus der DNA des frühen Menschenwesens entnommenen Bestandteiles seiner physischen Leiblichkeit und Fortpflanzungs-Organisation für den Menschen bedeutet, kann in diesem Rahmen nicht ausgeführt werden.

Es kann aber hinsichtlich des eintretenden Wirkmechanismus vielleicht an eine Eigenbluttransfusion gedacht werden, bei der zwar zu einem späteren

Zeitpunkt das zuvor entnommene *eigene* Blut dem Organismus wieder zugeführt wird, der Organismus aber aufgrund der geistigen Absonderung des Blutes und dadurch entstandenen Abtötung des im Blut enthaltenen Geistes die Blutspende ein Leben lang als Feind betrachtet und bekämpft – was das Immunsystem dauerhaft belastet und schwächt.

Auch eine Virusinfektion hat keinerlei physischen Nutzen für den Menschen, und selbst wenn er nach der Überwindung seiner auf die Infektion folgenden Entzündungsreaktion formal als *immun* betrachtet werden mag, hinterlässt eine Viruserkrankung im Ätherleib immer *Narben* und damit Einschränkungen – es sei denn, der Mensch ist durch seine Bewusstseinsseelen-Aktivität soweit fortgeschritten, dass er damit beginnt, seinen Ätherleib in *Lebensgeist* zu verwandeln. (Siehe dazu die Anmerkung auf S. 121.)

Das spirituelle Charakteristikum der Viren, als materiell auf ein Minimum reduzierte Geist-Träger (bzw. Ungeist-Träger), ist es, einen maximalen Schaden anzurichten, indem sie nämlich auf der Ebene des Devachan – allerdings auf seiner amoralischen Spiegelebene – mit dem Geist des Menschen in Beziehung treten; jedoch mit seinem nicht von ihm gebrauchten Geist. Sie sind damit eine Plage des Bewusstseinsseelen-Zeitalters.

Virenepidemien betreffen das *Menschheitskarma*, insofern gerade das individuelle Geistige im einzelnen Menschen von ihm selber nicht zur Geltung gebracht wird und er dadurch im Zeitalter seines individuellen Geist-Erwachens einen Rückfall ins Gruppenseelenhafte vollzieht, woraus sich die physische Wirksamkeit der Viren ergibt.

Ein Ergebnis des erfolgreichen individuellen Geist-Erwachens wäre der Christus-gemäße Gemeinschaftszusammenschluss der Iche im Sinne der Dreigliederung des sozialen Organismus gewesen. Stattdessen hat die Menschheit sich durch das Schlafen der einzelnen Iche weiterhin dem Gruppenseelen-Impuls verschrieben. Sie hat dadurch schon einmal ein Gruppenseelen-Karma in Form einer Pandemie erlitten, nämlich durch die *Spanische Grippe*, die sich gegen Ende des Schicksalsjahres 1917 auszubreiten begann und den Grundstein für den gegenwärtigen dritten soratischen Einschlag in die Menschheitsgeschichte legte.

(Auf die *Pocken-Epidemien* kann aus Zeitgründen hier leider nicht eingegangen werden. Nur *ein* Aspekt, der auch bezüglich der Bekämpfung des Coronavirus in Betracht kommt, soll erwähnt werden, weil er an der Geschichte der Pocken erkennbar werden kann: Ende des 18. Jahrhunderts wurde mit Impfungen gegen die Verbreitung der Pocken-Seuche begonnen. Nachdem die großen Pockenepidemien, die über die Menschheit zwischen dem 16. und 18. Jahrhundert hinwegrollten, mit der Einführung des Reichsimpfgesetzes 1874 in Europa zu einem Ende gebracht wurden, hatte sich allerdings das Pockenvirus in zwei Stämme aufgespalten. Dies dürfte bezüglich der Konsequenzen eines Schutzes durch Impfung nachdenklich stimmen. Dass eine Impfung keinen dauerhaften Schutz bieten kann, zeigt sich an dem durch die Impfung im Virus angeregten Mutationsimpuls. – Spirituell betrachtet, können durch Impfkampagnen – so segensreich diese zunächst auch für die Menschen sein mögen – nicht die Ursachen eines durch eine Virenepidemie sich vollziehenden karmischen Ausgleichs des Menschheitskarmas behoben werden. Es kommt dadurch bestenfalls zu einer Verschiebung des betreffenden menschheitskarmischen Ausgleichsereignisses. Werden nicht die spirituellen Ursachen der Seuche behoben, dafür aber flächendeckende Impfungen vorgenommen, muss mit einem noch drastischerem Folge- oder Ausgleichsereignis gerechnet werden.

Dies ist kein Grundsatzplädoyer gegen Impfungen. Es soll lediglich darauf hingedeutet werden, dass Impfkampagnen keine alleinige, sondern höchstens eine Überbrückungslösung sein können, weil sie ohne die Beseitigung der geistigen Ursachen der betreffenden Infektionserkrankungen irgendwann zum Ausbruch anderer, womöglich wuchtigerer Epidemien beitragen.)

Zur Verbreitungsart von Sars-CoV-2

Dem geistigen Problem, das heißt der *Gedanken*-Entartung des Menschen im Sinne der ahrimanisch gefärbten Weltanschauung entsprechend, ist nun *ein* Charakteristikum des neuen, seit dem dritten soratischen Einschlag sich erstmalig geltend machenden Coronavirus die Ausdehnung seiner Verbreitungsmöglichkeit von der Tröpfcheninfektion auf die *aerogene Übertragung*. Es benutzt (auch) das *Luftelement* als Brücke von Mensch zu Mensch. Es ist dadurch in Wahrheit sehr viel infektiöser als bisher angenommen oder offiziell verlautbart.

Die physische Manifestation der allgemeinen *Gedankensphäre* ist das *Luftelement*. Die physische Manifestation der allgemeinen Empfindungssphäre ist das Wasserelement. Die physische Manifestation der allgemeinen Willenssphäre ist das Wärme-Element. – Diese Sphären müssen, angefangen bei der Gedankensphäre, durch die Tätigkeit der einzelnen Menschen (durch die bewusste Ich-Tätigkeit) so individualisiert werden, dass sie eine neue Konstitution erhalten, die dem aufsteigenden Parabel-Ast der Menschheitsentwicklung entspricht, der nicht mehr sozusagen vom Alpha weg und in die Verdichtung der Schöpfung führt, sondern zum Omega hin in die Vergeistigung.

So unmittelbar real, wie wir die nicht infizierte Luft zum Leben brauchen, so unmittelbar real brauchen wir die nicht infizierten Gedanken zum Leben.

Heute erleben wir den (von uns, als Menschheitsorganismus selbst verursachten) Angriff auf das
Luftelement und auf das mit ihm verbundene physische Organ, die Lunge, durch unser korrumpiertes,
nicht verlebendigtes Denken. Wenn sich in Zukunft
die Menschheit im Zeitalter der Bewusstseinsseele
aber so weit herunterbringen sollte, dass sie in ihrem
Fühlen ebenso degeneriert wie im Denken, dann
wird der Angriff auf das Herz erfolgen. Dann wird es
um die mangelnden Mitleidskräfte gehen, was unter
anderem mit dem Leiden der Tiere zusammenhängt.

Zu den Symptomen der COVID-19-Erkrankung

Auffällig sind große, nämlich flächendeckende (und damit sich von klassischen Lungenentzündungen unterscheidende), milchig erscheinende Bereiche in der *Lunge*.

Die Lunge wird steif, (ist nicht mehr dehnbar). In den Lungenbläschen kommt es zu einer Störung der Übergabe des Sauerstoffs an den Blutkreislauf, was im Falle von COVID-19 eine sklerotische Charakteristik hat. So kann auch an einem bestimmten Punkt selbst die Höchstgabe von Sauerstoff keinen Nutzen mehr erzielen, weil dieser gar nicht bis ins Blut vordringt. Aus diesem Grund wird auf den Intensivstationen zum Teil das ECMO-Verfahren angewendet (Extrakorporale Membranoxygenierung), bei der das Blut maschinell *außerhalb* des physischen Leibes mit Sauerstoff angereichert beziehungsweise der Gasaustausch vorgenommen wird, weil das eigene Atmungssystem dies nicht mehr bewerkstelligen kann.

Was liegt hier vor? Zum einen sind es die fixierten Vorstellungen des Gedankenmaterialismus, die letztlich die Lunge in diese sklerotische Lage versetzen. Denn die heutige Art des Materialismus führt zu Zwangsgedanken, sie zwingen den Menschen geradezu, sich der materialistischen Weltanschauung zu ergeben. Das Ich wird unterminiert, wird unter die von ihrem höheren Geist verlassene, verängstigte und durch den Materialismus steif gewordene Verstandesseele gezwungen.

Das freie Gedanken-*Leben* ist nicht mehr möglich, so wie sich auch die Lunge, wenn sie steif wird und den Sauerstoff nicht mehr ans Blut weitergibt, nicht mehr mit der Außenwelt lebendig, dynamisch austauschen, in Beziehung setzen kann. Der Mensch atmet im Grunde seine eigenen fixierten Vorstellungen ein, die sein Atmungsorgan in die Erstarrung führen. Ist der Gedankenäther nicht mehr von wirklichkeitstragenden, lebendigen Gedanken durchdrungen, wird die von uns eingeatmete Luft zu einem ausschließlich materiellen, bloß chemischen Gas. Statt Träger von übersinnlichen Lebenskräften zu sein, wird sie zum Träger untersinnlicher Impulse in Form von schädlichen materiellen Partikeln. Der physische Lebensodem, vormals Garant menschlichen Lebens auf Erden, gerät auf diese Weise zur Quelle potenzieller Lebensbedrohung. – Der Verursacher ist das Ich-betäubte Denken, das Gegenteil von dem, was geschieht, wenn der Mensch den von Rudolf Steiner charakterisierten (selbstlosen) Ich-Sinn anwendet.

Wenn wir einatmen, nehmen wir das auf, was andere aus sich heraussetzen. Im Atmungsvorgang sind wir daher auf natürliche Weise soziale Wesen. Wenn aber materialistische Gedanken immer wieder und wieder gedacht werden, bis sie eine weitgehende Dominanz gegenüber nicht-materialistischen Gedanken entwickelt haben und eine Art Eigendasein entwickeln, dann geht dieser Prozess eine Stufe weiter. Was bedeutet es denn, dass die das Ich zwingenden, pervertierten Verstandesseelen-Aktivitäten die Lungenfunktion einschränken oder blockieren? Es bedeutet, dass das, was sich zunächst im Astralleib abgespielt hat, auf den Astralleib begrenzt war (in einer vorherigen Inkarnation), jetzt um eine Stufe tiefer erscheint, auf die nächst tiefere Stufe hinuntergedrückt ist. Die materialistischen Vorstellungen vom Welten- und Menschenwesen, die im 19. und 20. Jahrhundert in schwärmerischer Weise aufgesogen wurden, sind heute bereits in den Ätherleib hinuntergesackt.

Dabei kommt das folgende Phänomen in Betracht, das bis vor wenigen Jahrzehnten in der Menschheitsentwicklung noch nicht aufgetreten ist: Aufgrund der ahrimanischen Beschleunigung aller irdisch-sinnlichen Prozesse – die mit einem mächtigen Willensimpuls das Irdisch-Sinnliche immer stärker und dadurch die Weltentwicklung immer schneller in die Degeneration, in eine Erstarrung treibt (man vergleiche dies zur Verständnisbildung mit dem sogenannten *Freezing* beim Parkinson-Syndrom, was letztlich nichts anderes ist als ein bis zur Erstarrung beschleunigter Tremor) –, haben sich die zeitlichen Abstände zwischen den Inkarnationen dramatisch verkürzt.

Die jüngste, jetzt heranwachsende Generation macht seit dem spirituellen Ereignis des Jahres 1879 zum Teil bereits die dritte Inkarnationsfolge durch! Befördert ist dies durch die vorzeitige Beendigung von Millionen von Leben während der beiden Weltkriege. Das aber bedeutet, dass diejenigen Menschen, die heute auf der Erde leben (*alle* Generationen), bereits den Gedankenmaterialismus in einer vorherigen Inkarnation in ihre Astralleiber aufgenommen haben und jetzt mit einem geschädigten Wesensglieder-Organismus, in dem sich das Bildhaft-Vorstellungsmäßige schon im Ätherleib manifestiert, wieder zur Welt gekommen sind. Was in einer früheren Inkarnation noch als Gedanken-Krankheit, Gedanken-Infektion auftrat, schafft in der gegenwärtigen Inkarnation die Voraussetzungen für die zerstörerische Einwirkung des aus jenem selbst betriebenen Gedankenmaterialismus in die physische Welt herausgesetzten, ins Untersinnliche pervertierten Homunkulus, des Virus. Es sind tatsächlich dieselben Menschen, dieselben Individualitäten heute inkarniert, die heute mit ihren eigenen Vorstellungsinhalten aus einem früheren Leben auf die besagte Weise gruppenkarmisch, menschheitskarmisch konfrontiert werden. (Hier liegt die Beziehung zwischen der bakteriellen Tuberkulose und der viralen COVID-19-Erkrankung.)

Dass das Vorstellungsmäßige, Bildhafte in den Ätherleib hinuntergedrückt erscheint – und zwar auf eine pandemisch-flächendeckende Weise –, zeigen die Sonographie-Bilder der Lungen von Schwererkrank-

76

ten. Aber nicht einmal nur von Schwererkrankten, sondern selbst von Menschen, die keine gravierenden Einschränkungen ihrer Lungentätigkeit bemerken: Es erscheinen, wie gesagt, in großen zusammenhängenden Arealen, die sich über die gesamte Lunge verteilen, milchige Trübungen des Gewebes, gleich einer Fibrose, die für die Steifheit, die sklerotische Tendenz der Lunge verantwortlich zu sein scheinen.

Es ist ein phänomenologisches Wahrbild des pandemisch flächendeckenden Gedankenmaterialismus. Der gegenwärtige Ätherleib ist durch die krankhafte Betätigung des Astralleibes in der vorangegangenen Inkarnation geschädigt und nun empfänglich für das, was sich heute physisch materiell manifestiert als Virus – also für das, was mitunter der eigene Astralleib der vorangegangenen Inkarnation in die allgemeine Gedankensphäre hineingeleitet hat.

Spirituelle Aspekte

Man muss heute die Beziehung zwischen Makrokosmos und Mikrokosmos verstehen lernen – wobei
hier zunächst mit Makrokosmos der Erdorganismus
gemeint ist und mit Mikrokosmos der Mensch. Der
seelisch-geistige Mensch, aber auch der physische,
hat eine unmittelbare Beziehung zu dem okkulten
Inneren seines Planeten.

Wenn das Bewusstsein in die Geheimnisse der
sechsten okkulten Erdschicht vordringt, tritt es ein
in denjenigen Bereich des Erdgedächtnisses, der
sich vornehmlich auf die Weltepoche der sogenannten alten Sonne bezieht. Im Unterschied zum alten
Saturn-Dasein zerfiel gewissermaßen auf der alten
Sonne die Einheit des Wesenhaft-Ganzen, das sich
auf dem alten Saturn in reiner Geistigkeit aussprach
als das, was wir heute auf der Erde als Wärmeelement
wahrnehmen, in zwei *Wesenssubstanzen*: in Luft
und Feuer. Vom irdischen Standpunkt aus, der die
vier Elemente als gesonderte Zustände kennt, kann
man – wie Rudolf Steiner es tat – diese *Wesenssubstanzen* der alten Sonne als *Wasserluft* und *Feuererde* bezeichnen, weil damals in dem Luftartigen das
spätere Wässrige enthalten war und in dem Feuer-
artigen das spätere Irdisch-Feste.

In der Wesenssubstanz der Wasserluft, die mit
dem Erscheinen der vierten Erdeninkarnation, des
jetzigen Erdenkörpers, noch einmal in herabgestuf-

ter Wiederholung als *Ruach* auftrat, knüpfte der sich allmählich zum Erdenwesen heranbildende Mensch eine Verbindung. Sie wurde sozusagen Fleisch in seinem *Geruchssinn,* welcher sich erst mit dem Erscheinen der gegenwärtigen Erde ausbildete.

Wenn in der sechsten Erdschicht, in der Feuererde, welche im heutigen Erdenkörper das Hoheitsgebiet der ahrimanischen Geister darstellt, durch die auf der Erdoberfläche in materialistischer Weise denkenden und wollenden Menschen Störungen hervorgerufen werden, so hat dies nicht nur Auswirkungen auf den Vulkanismus und die Erdbebenaktivität. Es hat auch auf den Mikrokosmos der Welt, den Menschen selber, Auswirkungen. Es antwortet jetzt auf die in Aufruhr gebrachte Feuererde innerhalb des makrokosmischen Erdenkörpers der mikrokosmische Menschenkörper in jenem Bereich seiner selbst, der ihn mit dem Wasserluft-Wesen verbindet, nämlich mit *Ruach.* Es resoniert diese Störung der Feuererde in seinem Geruchssinn.

Dadurch treten die beiden Erbteile der alten Sonne, Feuererde und Wasserluft, wieder miteinander in Beziehung, allerdings in destruktiver Weise. Man kann darin unter Umständen einen Hinweis auf die geistigen Gründe sehen, weshalb bei vielen COVID-19-Patienten der *Geruchssinn* vorübergehend ausfällt. Während *Ruach,* (das noch nicht vom menschlichen Bewusstsein durchdrungene Wasserluft-Wesen,) die Verstandesseelen-Tätigkeit in die menschliche Seele während der Erdeninkarnation hineinbringt, ist hingegen die *funktionierende* Betätigung des Geruchssinns eine Aktivität der Bewusstseinsseele im Menschen.

Will der Mensch hier einen Heilungsprozess in Gang setzen, muss er dahin streben, sich soweit in der seelisch-geistigen Schulung zu bringen, dass er die *siebente* Erdschicht, den *Erdspiegel* mit seinem Bewusstsein erreicht. Denn dort erhält er Zutritt zu den Kräften des alten Saturn, in dem Wasserluft und Feuererde (Licht und Luft oder Feuer und Luft) noch Eins waren in einem alles umfassenden seelischen Wärmezustand. (Hier liegen meines Erachtens auch Ansätze zu einer anthroposophischen Medizinalmittel-Forschung.)

Wenn der Mensch sich auf diese seelisch-geistige Stufe des Bewusstseins bringt, verbindet er sich den *Archai*. Sie waren es, die während der alten Saturn-Zeit dem Menschenwesen die Keime für seine künftigen Sinnesorgane einpflanzten.

Die Archai aber sind es auch, die sozusagen die Schirmherren der Anthroposophie sind. Sie sind die Verwalter der kosmischen Intelligenz, der lebendigen Geistgedanken, an die der einzelne Mensch heute in seinem eigenen Innern Anschluss finden kann. Darum werden sie auch als Geister der Persönlichkeit bezeichnet. Der Anschluss an die waltenden Archai, die den Impulsen der Asuras gegenüberstehen, ist eine sichere Prävention gegenüber viralen Infektionserkrankungen.

Auch der *Geschmackssinn* soll bei einigen Patienten vorübergehend eingeschränkt sein. So wie der Geruchssinn ist auch der Geschmackssinn ein *innerlich-äußerlicher* Sinn, beruht also auf dem Austausch zwischen dem, was von der Außenwelt als willensmäßiger Ausdruck einer im Stoff wirkenden Geistigkeit in den Menschen hineinkommt, und der Tätigkeit des Astralleibes, die diesem von außen Kommenden entgegengesendet wird, um es in sich aufzunehmen und Kunde über es einzuholen. Das Verhältnis zwischen Innen- und Außenwelt zeigt sich bei der COVID-19-Erkrankung als ein *Nebensymptom* bis in die Sinne hinein gestört, durch die sich eigentlich das Ich-Bewusstsein entzündet. In diesem Bereich wird der Mensch von der Wahrnehmung der Außenwelt abgeschnitten.

Die Einschränkung dieser beiden Sinne durch die Erkrankung verweist auch auf die elementarischen Medien, die von dem Virus für die Übertragung von Mensch zu Mensch genutzt werden: In Hinsicht des Geruchssinns, der sich durch das Einatmen ergibt, ist es das Luftelement; hinsichtlich des Geschmackssinns, der sich ohne die Speichelbildung nicht betätigen könnte, ist es das wässrige Element, das heißt, die Übertragung des Virus durch die sogenannte Tröpfcheninfektion.

Im Übrigen scheint mir nicht ausgeschlossen, dass die Einschränkung des Geschmacks- und Geruchssinns auch mit einem weiteren Aspekt zu tun hat, der allerdings durchaus mit dem Gesagten zusammenhängen würde. Es kann meines Erachtens durch einen in Mitleidenschaft gezogenen Kupferspiegel im Nerven-Sinnes-Apparat, im Gehirn, zu diesem Phänomen kommen. Und nicht nur zu diesem. Noch ist nicht gesagt, ob eine Erkrankung an COVID-19 nicht zu Langzeitschädigungen nicht nur der Lunge, sondern auch des Gehirns führen kann. Um aber noch einmal kurz auf das Kupfer zurückzukommen:

Bemerkenswert wurden während der geistigen Betrachtung gewisse hilfreiche wesenhafte Wirkungen auf die Konstitution der gegenwärtigen menschlichen Physis und für den an COVID-19 leidenden Organismus; wesenhafte Wirkungen, wie sie aus dem Geistgebiet der planetarischen Kräfte der Venus herrühren. Ich musste mich fragen: Warum gehen in einem besonderen Maße von jener Seite diese (gleichsam Hilfe anbietenden) Wirkungen in Zeiten der vorliegenden Virus-Pandemie aus?

Im weiteren Verfolgen dieser dem Menschen gegenwärtig besonders zugewandten wesenhaften Wirkungen kam ich – die geistige Wirkungskette sozusagen rückwärts zu den ursächlichen Problemen gehend, die offenbar durch diese wesenhaften Wirkungen gemildert werden sollen – zu Folgendem:

Treffen die geistigen Wirkungen aus dem Bereich der mit der okkulten Venus verbundenen Geistwesen auf die Erde, verdichten sie sich – wie alle astralischen Wirkungen – innerhalb des materiellen Kosmos zu bestimmten ätherischen Prozessen, die ihrerseits wiederum mit bestimmten physisch-sinnlichen, also chemischen Substanzen korrelieren – sowohl im mineralischen Haushalt der Erde selber als auch im biochemischen Organismus des Menschen. Die ursprünglich ganz geistigen Wirkungen finden in diesen Prozessen und den zu ihnen gehörenden Stoffen ihren sinnlichen Ausdruck. Hier fällt der Blick auf das Kupfer und seine umfangreiche Rolle, die es im menschlichen Organismus spielt.

Eine besondere Dominanz hat das Kupfer in der Leber, die für den Stoffwechsel zuständig ist. Atmet nun der Mensch – wie zuvor angedeutet – gewissermaßen seine eigenen materialistisch-egoistischen Gedanken ein, wird die geistige Entfaltung jener Kräfte, die während des Fötalstadiums in der Leber wirken, in die Lunge hinauf verschoben.

Der Fötus *muss* sozusagen materialistisch-egoistisch werden, weil sich der Mensch in der fötalen Entwicklung anschickt, von einem rein geistigen Wesen zum Erden-Menschen zu werden. Er muss darum zunächst alles zu seinem Eigen machen, alle Kräfte und Stoffe in sich aufnehmen und für sich selbst verwerten, um ein eigenständiges, in sich abgeschlossenes physisches Erdenwesen zu werden.

Dieser Vorgang spricht sich bildhaft in der verhält-
nismäßig großen Leber und in ihren hohen Kupfer-
werten des heranwachsenden Kindes aus. Wenn der
Mensch erwachsen wird, muss sich diese geistig-
physische Leber-Dominanz zurückbilden, er muss
mit seinen höheren Wesensgliedern, zunächst mit
seinem Astralleib, dann mit seinem Ich, mit der
Außenwelt in Beziehung treten, und zwar so, dass er
allmählich wiederum – nun aber mit Bewusstsein innerhalb des Erdendaseins – ein soziales und geistiges
Wesen wird. Hier kommt seine Atmung in Betracht.
Die Lungentätigkeit wird quasi an die Stelle der
Leber-Dominanz gesetzt.

Wenn allerdings heute – durch die angedeuteten
Probleme – sich im Menschen geistig dasjenige vollzieht, von dem er sich mit seinem Erwachsenwerden,
nämlich durch die Atmung, in der er sein Eigenwesen
hinausgibt und das Eigenwesen seiner Menschenbrüder und der Welt in sich aufnimmt, wiederum
frei machen muss, zieht es seine Atmung in den
Stoffwechselbereich hinab – genauer gesagt: Stoff-
wechselvorgänge verlagern sich in die Lunge hinauf. Es tritt etwas ein, von dem man sagen kann:
In der Lunge manifestieren sich Vorgänge, die dem
Stoffwechsel vorbehalten bleiben müssen.

Der Stoffwechsel vollzieht sich in einem gewissen
Milieu, dessen ätherischer Ausdruck die Verdauungssäfte sind. Was sich nun tatsächlich bei vielen
an COVID-19 erkrankten Patienten zeigt, ist die

erwähnte flächige, milchig-weiße Veränderung des Lungengewebes. Es ist eine Widerspiegelung des milchig-weißen Chylus, der Verdauungssäfte, und dies ruft Husten, Pneumonien hervor. Ebenso ist der Wärmehaushalt gestört.

Aus diesem Grunde scheint mir, dass man auch über den Darm – also «zurück-wirkend» – therapeutisch auf einen an COVID-19 Erkrankten einwirken könnte, womöglich durch eine bestimmte Art der Kupfertherapie. Denn das Kupfer hat die Tendenz, vom Sulfurischen dem Sauerstoff zuzustreben, was man sich zunutze machen könnte, um die Atmungs-Organisation zu stärken. Es kommen aber viele Aspekte in Betracht, die ich hier nicht näher zu beleuchten vermag; beispielsweise die Formen, zu denen sich das Kupfer innerhalb der mineralischen Welt hin entwickelt, nämlich zu den typischen knollenförmigen Aggregaten des Malachit. Diese sich der Außenwelt gegenüber abkapselnde Form wird aber durch die geistigen Kräfte der Venuswesen innerhalb des irdischen Kupfers immer wieder überwunden, es gehen diese Wirkungen gleichsam stachel- oder strahlenförmig in großer, lichthafter Lebendigkeit unentwegt über dieses Kugel-, Kapselförmige hinaus. Hier liegt meines Erachtens ein okkulter Zusammenhang auch zu den Proteinsynthesen innerhalb der Leber sowie anscheinend zu den stachelartigen Glykoproteinen auf den Hüllen von Sars-CoV-2-Viren.

Ich bin weder Mediziner noch Chemiker. Darum sind meine Möglichkeiten, hierzu Näheres und Präziseres – schon gar innerhalb eines so kurzen Zeitraums – zu sagen, kaum vorhanden. Entsprechend ausgebildete und kundige Wissenschaftler, die derartigen geisteswissenschaftlichen Betrachtungen gegenüber aufgeschlossen sind, könnten auf dem angesprochenen Gebiet aber vielleicht etwas Konkreteres ausarbeiten.

Neben anderem, was in Betracht kommt, könnte eventuell eine bestimmte Kupfertherapie gefunden werden, die auf einer homöopathischen Zubereitung basiert. Hält man sich vor Augen, was eine kontinuierliche Kupfersalzgabe beim gesunden Menschen bewirkt, nämlich eine übermäßige beziehungsweise unkontrollierte Tätigkeit des Astralleibes im Nerven-Sinnes-Menschen, in die das Ich nicht einzugreifen vermag, was sich unter anderem in der Unfähigkeit äußert, sich zu konzentrieren, seine Gedanken zu beobachten und nach höheren Gesichtspunkten zu kontrollieren und zu lenken, Vergesslichkeit und Angstzustände, dann kommt man zu eben dem, was sich in der Gegenwart als Konsequenz des über mehrere Inkarnationen betriebenen materialistischen Denkens ergeben hat.

Bemerkungen zu weiteren Fragen

Zu den Tieren

Ich kann auf der Grundlage der Ergebnisse, die meine Bemühungen um eine erste geisteswissenschaftliche Betrachtung des Coronavirus-Phänomens geliefert haben, nicht erkennen, dass das Tier hier im Vordergrund des Problems steht. Zoonosen gab es schon immer, auch in frühen Zeiten der Menschheitsgeschichte. Sie werden aber in Zukunft eine große Bedeutung annehmen. – Im Vordergrund steht bei dem Sars-CoV-2-Virus aber meiner Wahrnehmung nach die *karmische* Konsequenz der gegenwärtigen Gedankenart der Menschheit. Die jetzige virale Epidemie resultiert meiner Erkenntnis nach aus einem *Gedanken*-Problem, aus dem Denken der Menschheit als ganzer in einer Phase der Menschheitsentwicklung, in der diese Art des Denkens nicht in der vorhandenen Stärke und Verbreitung da sein sollte. Darum auch die Verbreitung über das Luftelement.

Betrachten wir darüber hinaus sowohl das Pockenvirus als auch das Virus, welches der Spanischen Grippe zugrunde lag, so blicken wir in eine Zeit, in der die Qualzucht und qualvolle, industriell betriebene Massentierhaltung zur ständigen Versorgung einer sogenannten Wohlstandsgesellschaft in dieser Weise noch nicht existiert haben.

Der karmische Ausgleich für die Tierqual steht der Menschheit noch bevor. Dann werden noch ganz andere Probleme auftreten, für deren materialistische Behebung im Übrigen schon jetzt anfänglich vorgesorgt wird (zum Beispiel durch die Entwicklung synthetischer «Nahrungsmittel»). Es wird dann das allgemeine *Fühlen* den Ausschlag für die Katastrophe bilden, und dementsprechend werden die Angriffe, wird die Gefahr für den Menschen noch viel tiefer gehen, als es bei der gegenwärtigen (anfänglichen) karmischen Konsequenz für das allgemeine Denken der Fall ist.

Was nach meinem geistigen Dafürhalten im Fall der Coronavirus-Pandemie *bezüglich des Verhaltens des Menschen gegenüber dem Tier* zunächst in Betracht kommt, ist ein anderer Zusammenhang als der mit der Tierquälerei. Denn es handelt sich hier, wie gesagt, nach meiner Wahrnehmung um ein Gedanken-Problem: Der Mensch erklärt sich in seiner Anschauung von seinem eigenen Wesen selbst zum höchsten *Tier*. Er bekommt das in der Schule schon gelehrt. Ja, er muss es noch nicht einmal expressis verbis heute gelehrt bekommen, weil er als Kind schon durch das Verhalten der Eltern, welches deren Gedankeneinstellung offenbart, darin unterrichtet wird. Erklärt sich der Mensch zu einem Bestandteil des Tierreichs, zu einem höheren Tier, und lässt seine Nachkommen in dieser Gedankensphäre aufwachsen, so nimmt das heranwachsende Menschenwesen dadurch das in sich auf, was – spirituell betrachtet – gewissermaßen auch vom Tier *ist*. Da der Mensch aber in Wirklichkeit die Tierstufe aus sich *«herausgesetzt»* hat (wie es Rudolf Steiner formulierte), um

Mensch zu werden, und da er deshalb im Gegensatz zum Tier ein individuelles Ich hat, kann er an der Coronavirus-Infektion tödlich erkranken. Das Tier aber nicht. Dies hat also im höheren Sinne moralische Ursachen.

Nur Hysterie?

Behauptungen, es gäbe viel schlimmere Dinge, die in der Welt geschehen, als die Ausbreitung des Coronavirus, oder das Coronavirus sei nichts anderes als eine saisonale Grippe, offenbaren nicht nur einen Mangel an Willen zur äußeren Beobachtung, sondern vor allem einen grundlegenden Mangel an spiritueller Einsicht. Es ist niemandem damit gedient, Äpfel mit Birnen zu vergleichen. – Sollte hingegen jemand eine geisteswissenschaftlich fundierte Begründung für diese Behauptung liefern, bin ich gerne bereit, meine eigenen geisteswissenschaftlichen Forschungsergebnisse in Frage zu stellen.

Die gesellschaftlichen und wirtschaftlichen Folgen,

die sich aus den gegenwärtigen Ereignissen ergeben, sind von den widerstreitenden Geistern vorausgesehen und insofern auch beabsichtigt. Wenn man die geistige Wirklichkeit nicht leugnet, kann man auch leicht durchschauen, dass diese Geister sich dadurch eine weitere Verstärkung des materialistischen Egoismus in der Menschheit versprechen. Die mittlerweile unverblümte Benennung dieses Ziels durch menschliche Sprachrohre («America first!») erschüttern bereits nach nur wenigen Monaten kaum jemanden mehr, zumindest nicht so sehr, dass politische Konsequenzen folgen würden. Gewiss sind die gesellschaftlichen und wirtschaftlichen Folgen das Gegenbild zu einer Lebensform der Menschheit unter den Rahmenbedingungen der Sozialen Dreigliederung. Die wiederholte öffentliche Benennung der beiden Bereiche des Sozialen und des Wirtschaftlichen offenbart im Übrigen die weitgehende Ignoranz gegenüber dem *Geistesleben,* die für die gegenwärtige Gesinnung charakteristisch und die Ursache der gegenwärtigen Misere ist.

Die Frage nach dem eurythmischen Impuls vor dem Hintergrund der Coronavirus-Pandemie ist ebenfalls eine sehr berechtigte – wirft sie doch ein Licht auf das Missverhältnis des Menschen zu seinem leiblichen und geistigen Wesen. Während die Eurythmie eine künstlerische und damit *lebendige* und *verlebendigende* Betätigung des Ätherleibes ist, stellt der heutige Sportwahn eine künstliche und darum *tote* und den Ätherleib *krank*machende Betätigung des physisch-sinnlichen Leibes dar. Vonseiten der Eurythmisten müsste darauf geachtet werden, dass man sich einen umfassenden anthroposophischen Erkenntnis- oder Verständnishintergrund bildet, da sonst auch die Eurythmie zu einer rein physischen Betätigung zu entarten droht. (Dies gilt natürlich nicht nur in Zeiten der Coronavirus-Pandemie!) Vor diesem Erkenntnis- oder Verständnishintergrund der anthroposophischen Forschung Rudolf Steiners kann dann auch eine geistige Forschung zur heileurythmischen Therapie im Rahmen der COVID-19-Erkrankung einsetzen, für die aber auch ein (individuell angepasstes) höheres Verständnis für die spirituellen Wurzeln einer solchen Therapie bei dem Patienten nötig wäre, denn die COVID-19-Erkrankung fußt, wie gesagt, auf der breiten Unkenntnis der geistigen Wirklichkeit.

Die Frage, warum Kinder nicht erkranken,
kann ich weder bestätigen noch umfassend beantworten, sondern nur sagen, dass sich im Zuge meiner geisteswissenschaftlichen Bemühungen in Hinsicht der menschheitskarmischen Problematik, die sich aus dem materialistisch-korrumpierten Denken ergibt, herauskristallisiert hat, dass die erworbene ätherische Disposition für eine Erkrankung durch dieses Denken (das heißt, durch die aus ihm entstandenen Viren) von Geburt an da ist und insofern auch schon Kinder an COVID-19 potentiell erkranken können müssten. Möglicherweise aber braucht es für eine schwere Erkrankung oder Todesfolge das Sich-Einschalten des Astralleibes, was um das 14. Lebensjahr (heute aufgrund der erwähnten ahrimanischen Beschleunigung) schon etwas früher der Fall ist.

Weitere Fragen, die mir gestellt wurden, leiten über in das, was Gegenstand einer spirituellen Arbeit in der Zeit sein kann, in der wir uns in der Zweigarbeit nicht physisch begegnen können, wohl aber seelisch-geistig. Einerseits die Frage nach der *Überwindung der Angst* und der *Ablähmung von meditativen Übungen durch die gegenwärtigen Ereignisse* sowie die Frage nach den *Mitteln, aus der verordneten physischen Isolation, die auch eine Stilllegung kultureller, religiöser und künstlerischer Tätigkeiten im öffentlichen Rahmen nach sich zieht, eine Kraft der Erneuerung zu ziehen.*

II.

Fragen und Antworten

zu einer esoterischen Begleitung

der Zweigarbeit

Der zweite Brief

Vorbemerkung des Herausgebers

Teil I enthält grundsätzliche Gesichtspunkte, die zwar auch als Antwort auf Fragen der Mitglieder der Freien Vereinigung für Anthroposophie geschrieben wurden, aber wohl auch von allgemeinem Interesse sind (siehe Vorwort S. 7ff.). Inhalt und Form des folgenden Beitrags richtet sich aber ganz besonders an die Mitglieder dieser Vereinigung von Menschen, die sich als selbständiger Zweig innerhalb der anthroposophischen Bewegung in regelmäßig (vierzehntäglich) stattfindenden Versammlungen der lebendigen Erfassung und Pflege des Christus-Mysteriums widmet. Weil diese spirituelle Arbeit in Zeiten des Versammlungsverbotes nicht mehr möglich ist, wandten sich die Mitglieder an Judith von Halle mit Fragen zur eingetretenen Situation.

Dornach, 9. April 2020   *Joseph Morel*

Berlin, 22. März 2020

An die Mitglieder der Freien Vereinigung
für Anthroposophie Dornach

Liebe Freunde!
Hier nun der zweite Brief zu unserer esoterischen
Arbeit. (Den *ersten* Brief, in dem ich auf Ihren
Wunsch hin auf Ihre Fragen zur Corona-Pandemie
eingegangen bin, hatte ich unter Zeitdruck in zwei,
drei Tagen geschrieben und wie versprochen abge-
liefert, aber mein Verleger hat ihn zurückgehalten,
weil es nach seiner Meinung kein *Brief* geworden
ist, sondern ein kleines *Buch*; dieses will er nun
schnellstmöglich herstellen lassen.) – Zunächst greife
ich aber in *diesem* Brief noch einige Ihrer Fragen
zur seelischen Seite der Coronavirus-Pandemie auf.

Zur Überwindung der Angst

Dazu ist schon im ersten Brief etwas gesagt worden.
Die reale, bis in die *Empfindung* hineingehende Ver-
ankerung unserer Seele in Christus gießt einen tiefen
inneren Frieden in unser Herz, das während des Er-
denlebens von äußeren Drangsalen und Wirren hin-
und hergerissen zu werden droht.
Man kann sich einmal sagen: Das Schlimmste,

was mir in diesem Zusammenhang geschehen kann, ist, an den Folgen der COVID-19-Erkrankung zu sterben. Dies mag für die Erfüllung des individuellen karmischen Plans vielleicht eine ungünstige Schicksalskonstellation bedeuten, die im nächsten Leben in irgendeiner Form behoben oder ausgeglichen werden muss. Aber die Aussicht auf dieses Problem ist es wohl weniger, die in uns die Angst vor dem Virus schürt, denn dafür müsste man seinem karmischen Lebensplan gegenüber große Erkenntnisklarheit haben, und wenn man sie hätte, wäre man auf einer Stufe in seiner Seelenentwicklung angelangt, auf der eine solche Angst nicht mehr von Bedeutung ist.

Es kann also nur die Perspektive auf den Tod selber sein, die Furcht auslöst.

Aber gerade in diesem Punkt hat der anthroposophische Geistesschüler einen großen Vorteil. Er kann sein Fühlen aktiv mit den geisteswissenschaftlichen Erkenntnissen vom Wesen des Todes und des nachtodlichen Lebens durchdringen, die ihm bekannt sind. Und diese lauten, verkürzt gesagt, dass der Tod der erhebendste Moment des Lebens ist, dass er das Tor ist, durch das wir in unsere wahre Heimat zurückkehren dürfen, in der wir von der unerschöpflichen Liebe unseres göttlichen Quells durchflutet und geborgen werden, in der uns darüber hinaus, ja durch diese uns durchdringende Liebe selber, auch ein weites Verständnis für die Zusammenhänge des Weltenwesens erwächst, so dass wir uns in ein helles, erlösendes Licht getaucht fühlen, in dem die quälenden Fragen des irdischen Verstandes gewissermaßen simultan beantwortet werden, wodurch uns wiederum die daraus entstehenden Ängste und Sorgen vollständig genommen sind. Und der Gedanke daran, nach dem Tod mit unseren Lieben, die uns vorangegangen sind, in einer auf Erden nie gekannten Unmittelbarkeit verbunden zu sein, kann sogar eine unbändige Vorfreude auf den Moment des Schwellenübergangs in uns hervorrufen.

In dieser Hinsicht gibt es also nichts zu befürchten, im Gegenteil. (Und – verzeihen Sie mir die vielleicht etwas nüchterne Geradlinigkeit – die eventuelle Aussicht auf ein dem Tod durch COVID-19 vorangehendes Leiden dürfte uns ebenfalls nicht sonderlich beunruhigen, denn im Vergleich zu anderen Leidenswegen vor dem Schwellenübergang beschränkt sich dies in der Regel auf wenige Tage. Davon abgesehen wird durch die Schritte, die wir auf unserem seelischen Übungsweg machen, ein ebenfalls bis ins Gefühl hinabreichendes Bewusstsein dafür angestoßen, dass unsere Leiden zu den kostbarsten Erfahrungen der Inkarnation zählen, weil sie uns die Gelegenheit zu Einsichten, zu echten, erlebten Einsichten in den Zweck unserer Inkarnation schenken.)

Schauen wir, wenn uns Furcht ergreift, auf Christus! Warum heißt es, Er sei «als Erster» von den Toten auferstanden? – Weil *wir* selber die Zweiten sind, denen dies zuteilwird. Betrachten wir die Oster-Darstellung des Isenheimer Altars, kann sie unserer Seele entgegenrufen: Sieh, Mensch, das ist dein Geschenk!

Wie kann in dieser Zeit die innere Sammlung, eine meditative Vertiefung gelingen?

Diese Frage soll durch die folgenden Vorschläge zu einer geistigen Arbeit beantwortet werden.

Es ist nicht von der Hand zu weisen, dass die mediale Überflutung der Seele mit Informationen – zumeist Schreckensmeldungen, auch wenn, ja gerade wenn diese realistische Zustände wiedergeben – nicht nur Angstzustände hervorruft, sondern das geistige Tätigwerden ablähmt, indem der irdische Verstand ständig mit den immer neuen (oder immer alten) Informationen beschäftigt ist. Hier hilft nur, die Kenntnisnahme von Nachrichten zur Coronavirus-Pandemie auf dasjenige Minimum zu reduzieren, das für die Vermeidung von Ahnungslosigkeit und Ignoranz gegenüber dem, was in der Welt grundsätzlich vor sich geht, notwendig ist. Rudolf Steiner hat sich selbst – neben seiner geistigen Forschung – auch immer umfassend über die äußeren Ereignisse und Meinungen informiert, ja für eine geisteswissenschaftliche Forschung ist es unerlässlich, die äußeren Ereignisse zur Kenntnis zu nehmen, denn sie bilden die Grundlage für die Erforschung ihrer spirituellen Hintergründe. Schließlich ist die Geisteswissenschaft dafür da, die Geschehnisse auf dem physischen Plan in der rechten Weise zu durchschauen und einzuordnen. – Allerdings muss jeder Mensch das Maß seiner Informationsgrundlage selber bestimmen. Der Eine benötigt mehr, dem Anderen genügt weniger. Auch darin spricht sich der verantwortungsvolle, das heißt Ich-bewusste Umgang mit den Herausforderungen des Alltags aus.

Was bedeutet es, wenn man einander nicht mehr begegnen kann und wenn keine religiösen Handlungen mehr in einem sozialen Zusammenhang vollzogen werden können?

Diese oder ähnliche Fragen, die auch auf unsere spirituelle Arbeit hinweisen, wurden ebenfalls von mehreren Mitgliedern gestellt.

Zweifellos ist der Mensch nicht zur Welt gekommen, um von seinen «Geschwistern» möglichst großen physischen Abstand zu nehmen! Die Inkarnation selbst allerdings trennt bereits die Menschen voneinander, zumindest im Vergleich zum Leben in der vorgeburtlichen (oder nachtodlichen) geistigen Welt. Dort sind wir – zumindest mit den uns karmisch verbundenen Menschen – so eng, aber zugleich in Freiheit, verbunden, dass man eigentlich von einer permanenten Durchdringung sprechen muss. Diese Durchdringung ist die vollständige Erfassung des eigentlichen Wesens und seiner Schicksalszusammenhänge und Bedürfnisse des Anderen durch das eigene *eigentliche* Wesen. Sie ist, sobald wir mit diesem unseren Wesen in eine materielle Körperlichkeit hinabsteigen und darin uns zunächst hauptsächlich selbst gewahren, nicht möglich. Dazu muss der Mensch schon sein innerstes Wesen, sein Ich, hinauslenken aus seiner physischen Behausung. Dies wird noch selten getan, aber es ist unsere vorzüglichste Aufgabe in der gegenwärtigen Entwicklungsepoche.

Hier liegen einige der Chancen, die sich für den Menschen durch das gegenwärtige Unglück, die Beschränkung seiner physischen Freiheit, ergeben können. Wir können daran einmal üben, uns über die Natur zwischenmenschlicher Durchdringung im Sinne des Ichs bewusster zu werden. So könnten wir uns, umgekehrt, sagen: Die Verstorbenen, die in der geistigen Welt lebenden Menschen, haben gar keinen physischen Körper. Sie treten aber trotzdem, ja gerade aus diesem Grund, viel intensiver miteinander (und mit uns hier auf der Erde) in Kontakt. Es geht ihnen also durch das Wegfallen einer physischen Begegnung keinesfalls die Möglichkeit verloren, miteinander in Berührung zu kommen.

Man kann auch an die Ausführungen im Kap. XIV von Rudolf Steiners *Die Philosophie der Freiheit* denken oder sich das Schicksal eines Jacques Lusseyran vor Augen führen beziehungsweise dessen Umgang mit seinem Schicksal, das ihn, als Blinden, mit der grausamen äußeren Aussichtslosigkeit einer KZ-Internierung konfrontierte. Weder ist er – was nahezu unglaublich ist – in diesen Umständen zu Tode gekommen, noch hat ihn dieses Schicksal innerlich zerbrochen. Nicht jeder Mensch mag diese innere Stärke aufweisen, aber sie zu erlangen, ist das

Ziel eines anthroposophischen Geistesschülers, der sie aus dem Vertrauen auf und aus dem Wissen um die geistige Wirklichkeit, nämlich den immerwährenden Triumph des unsterblichen Geistes über die äußeren Bedingungen, schöpft.

Man kann es auch ganz simpel betrachten: Wir können uns einmal die Frage vorlegen, worin eigentlich dasjenige besteht (oder zumindest teilweise besteht), was wir jetzt, in der Zeit der Beschneidung unserer physischen Sozialkontakte vermissen. Dabei wird man sich eingestehen müssen, wenn man nur ehrlich zu sich selbst ist, dass die gewohnten direkten Sozialkontakte – neben dem unbestreitbar unvergleichlich Schönen, wie der sinnlich-übersinnlichen Wahrnehmung des Anderen durch sein physisches Ansichtigwerden oder das unmittelbare Gewahren seiner ätherischen Aura –, dass also die üblichen Sozialkontakte dazu genutzt werden, viel zu *reden*. Mit anderen Worten, man bringt gerne nur allzu oft sein eigenes Wesen zur Geltung. Dies muss nicht falsch oder schlecht sein. Aber wenn man am Abend die tägliche Rückschau vollzieht, steht man doch nicht selten peinlich berührt vor der Tatsache, dass man dies zum allergeringsten Teil dazu genutzt hat, aus dem Blickwinkel der geistigen Wahrheitswelt wirklich Sinnvolles und nachhaltig Nutzbringendes von sich gegeben zu haben.

Die direkte physische Begegnung ist geradezu dazu prädestiniert, wenn sich der Mensch nicht seiner Aktivitäten voll bewusst wird, viel Aufmerksamkeit auf die äußeren und äußerlichen Dinge zu lenken. Nimmt man den Anderen physisch wahr, fällt – unbewusst – viel Aufmerksamkeit auf dessen äußere Gestalt, Gesten, Mimik (durch die sich natürlich auch sein Seelisches offenbart) und auf alles übrige durchaus Äußerliche, darauf, dass er sich an der Stirn kratzt, dass er eine neue Frisur oder Brille trägt, dass er uns die Teekanne herüberreicht usw.

Wenn man dies alles wegstreicht, weil es augenblicklich gar nicht möglich ist, es wahrzunehmen, sowie alle oberflächlichen und überflüssigen Mitteilungen, was bleibt dann für gewöhnlich übrig? Vermutlich, wenn man wie gesagt ehrlich ist: wenig. Dieses Vakuum gegenüber der eigenen echten Wahrnehmung des Anderen, nämlich seines eigentlichen Wesens, sich einmal einzugestehen und daran die Notwendigkeit zu erkennen und den realen Willensimpuls zu entwickeln, es durch geistig Substanzielles zu füllen, kann uns diese durchaus missliche Lage, die ich nicht beschönigen will, bieten. Man kann auf diese Weise den Absichten der Gegenmächte entgegentreten.

Natürlich kann man sich fragen, wie man denn überhaupt den Anderen wahrnehmen soll, wenn man sich gar nicht mit ihm auf die konventionelle Weise austauscht. In der Tat ist dies auf einer gewissen Stufe der inneren Entwicklung ohne Weiteres möglich, also mit rein seelisch-geistigen Mitteln! Es eröffnet sich dadurch die Möglichkeit, sich über das wirklich Essentielle aufzuklären, das den Anderen ausmacht und das ihn bewegt. Man beginnt, ein klareres Gedankenleben, ein *wirkliches* Gedanken-*Leben* zu haben, man nähert sich den Möglichkeiten, die man nach dem Tode hat, an. Auf diese Weise ist es auch leichter, das Interesse am Innenleben des Andern zu vergrößern, denn die eigene Rolle, die man bei einer physischen Begegnung spielt, das Eigeninteresse, fällt weg. Nicht nur durch den ausbleibenden physischen Kontakt, sondern vor allem durch die meditative Besinnung, denn um jenseits der Schwelle «schauen» zu können, bedarf es zuvor des Ablegens der Selbstsüchte durch deren Erkennen. (Dies ist auch in den Mantren der ersten zwei Klassenstunden sehr deutlich und bildhaft zum Ausdruck gebracht.)

Wer dies nicht ohne Weiteres erfahren kann, dem bleibt aber noch ein anderes äußeres Mittel, um sich über die Bedürfnisse und Befindlichkeiten des Anderen zu informieren und diese im Anschluss spirituell vertieft zu bewegen: Er kann einen Brief schreiben, telefonieren oder – mittlerweile für viele Anthroposophen offenbar ein unverzeihlicher Fauxpas – auf digitalem Weg für das Nötigste Kontakt aufnehmen. Meiner Ansicht nach gilt auch für letztgenannten Weg: Wer ein hygienisches Innenleben führt, braucht sich – solange er mit Augenmaß und Verstand vorgeht – nicht vor dem gelegentlichen Gebrauch dieser Variante der Kontaktaufnahme zu fürchten, auch wenn sie eine Gabe der ahrimanischen Geister ist. Es ist ein altes Thema, das immer wieder und wieder in anthroposophischen Kreisen bewegt wird und das ich aus diesem Grund hier nicht auch noch breittreten möchte: Die Frage nach dem Umgang mit den «*sozialen Medien*», mit der digitalen Welt überhaupt. Rudolf Steiner hat darauf hingewiesen, dass die Technisierung der Welt so oder so stattfinden wird. Es wäre naiv zu glauben, sich dem entziehen zu können. Sinnvoller erscheint mir, beizeiten sich darüber klar zu werden, wie man damit umgeht, und dies auch beizeiten zu *üben*. Wohl kaum jemand würde sich heute wohl als Diener Ahrimans bezeichnen, weil er in der hiesigen mitteleuropäischen Zivilisation, in die ihn das Karma nun einmal hineingestellt hat, eine Türklingel bedient, in einen Zug einsteigt, das Licht einschaltet oder die Heizung aufdreht.

Ich muss sagen, ich freue mich darüber, Ahriman heute mit seinen eigenen Waffen zu schlagen, indem ich Ihnen gerade auf einfachem Wege einen Beitrag zu unserer spirituellen Arbeit zukommen lassen kann. Es ist nicht viel anders als im Umgang mit dem Coronavirus: ob die Nutzung der virtuellen, digitalen Medien, ob das Coronavirus auch unserer Seele schaden kann, hängt davon ab, ob man sich wenigstens in dieser Situation darauf besinnt, dass es doch noch etwas anderes gibt als die rein materielle, physikalisch-chemische oder technische Welt und dass hinter und in all dem etwas wirkt, das unsere materielle Welt überhaupt erst hervorbringt oder auch verändert.

Möglicherweise gelingt es uns, in dieser Situation einen neuen Schritt im Sozialen zu vollziehen. Man könnte die auferlegte physisch-soziale (wohlgemerkt nicht spirituell-soziale!) Isolation dazu nutzen, sich darauf zu besinnen, wie man künftig, wenn die Beschränkungen wieder aufgehoben werden, eine neue Qualität des Bewusstseins im täglichen Umgang miteinander zur Geltung bringen könnte, die mehr das Wesentliche des Anderen und der Dinge erfasst. Und man könnte sie dazu nutzen, sich darauf zu besinnen, dass *Gedanken eine bis ins Physische gehende Wirksamkeit entfalten.* Was der Menschheit gerade zum Verhängnis wird, wollen wir als anthroposophische Geistesschüler als wirksames Heilmittel gebrauchen!

Ausgangspunkt:
Konsequent die Seelenübungen durchführen

Die viel zitierte *Salutogenese,* aber vor allem ein nach außen weisender Impuls, der unseren Mitmenschen zur Heilung gereichen kann, kann für den Anthroposophen einzig darin den Ausgangspunkt nehmen, konsequent die Seelenübungen durchzuführen, wie sie zum Beispiel in dem Buch *Wie erlangt man Erkenntnisse der höheren Welten?* erläutert sind! Hat man sich bis heute noch nicht dazu aufgerafft, sie wirklich konsequent durchzuführen, so bietet sich jetzt die beste Gelegenheit dazu! Denn wir müssen uns klar darüber sein: Letztlich kann einzig und allein dadurch, dass man sich selber hierin Gewalt antut, dass man konsequent die Bequemlichkeit und Nachlässigkeit in sich bekämpft gegenüber den Seelenübungen, in Zukunft die Quelle für neue Epidemien austrocknen und Heilungskräfte im eigenen Wesensgliederorganismus sowie im Menschheitsorganismus wirksam werden lassen.

Wie ich schon oft gesagt habe – verzeihen Sie, dass ich mich wiederhole: Die konsequente seelisch-geistige Arbeit des Einzelnen, ja schon weniger einzelner Iche, kann eine enorme Auswirkung auf die geistigen und physischen Verhältnisse in der Welt haben! Zahlenmäßige Gewichtungen sind in der geistigen Welt nicht in der Art relevant wie auf der Erde. Wenn gefragt wird: Ja, was kann ich einzelner Mensch denn tun in Anbetracht des Weltgeschehens? – dann lautet die Antwort: Alles! Wenn die Menschen nur mit physischen Augen sehen könnten, was der Willensentschluss und seine Umsetzung in einem einzigen Menschen, wirklich sich konsequent auch nur einer einzigen Seelenübung zu unterziehen, im makrokosmischen Zusammenhang, am Menschheitsorganismus, bewirkt – es würde wohl niemand zögern, sich einmal wirklich zu einer kleinen entsprechenden Arbeit durchzuringen. Denn die Möglichkeiten sind gewaltig! Lassen Sie mich Ihnen dies als den großen Trost und den großen Hoffnungsschein in der gegenwärtigen Lage zukommen. Der einzelne Mensch hat das Weltenschicksal in der Hand. Das ist die Gabe des Christus, der das einzelne Ich anschaut als Gottheit, behandelt als Gottheit. Wir sind freie Wesen, und deshalb haben wir unsere Weltverhältnisse in der Hand. Zu jeder Zeit, in jedem Augenblick.

Das geistige Leben muss Wirklichkeit im eigenen Herzen und dadurch im eigenen höheren Bewusstsein werden! Wir müssen ein Empfinden entwickeln in unserer Seele für das Wahre, das Schöne und das Gute, das in diesem geistigen Leben wohnt.

Anregungen zur spirituellen Begleitung der fortlaufenden Zweigarbeit

> «*Das Schöne bewundern*
> *Das Wahre behüten*
> *Das Edle verehren*
> *Das Gute beschließen:*
> *Es führet den Menschen*
> *Im Leben zu Zielen*
> *Im Handeln zum Rechten*
> *Im Fühlen zum Frieden*
> *Im Denken zum Lichte;*
> *Und lehrt ihn vertrauen*
> *Auf göttliches Walten*
> *In allem, was ist*
> *Im Weltenall*
> *Im Seelengrund.*»
> In: Rudolf Steiner, Wahrspruchworte, GA 40.

Aus diesem Grund habe ich als eine gemeinsam gepflegte Eingangsmeditation für die Zweigarbeit, die an den entsprechenden Mittwochabenden zur gewohnten Zeit um 18:30 Uhr gepflegt werden kann, das oben zitierte *Abendglockengebet* empfohlen. Es ist zwar ursprünglich einem Kind übergeben worden, aber gehaltvoll genug auch für den Ältesten unter uns.

Sich im Innehalten und Bewegen dieser mantrischen und geradezu poetischen Worte über die Bedeutung bewusst zu werden, das Wahre zu denken, der Wahrheit im eigenen Denken eine sichere Heimstatt zu schaffen, das Schöne zu empfinden und ihm gegenüber eine keusche Bewunderung und zugleich warme Liebe, Anbetung zu entwickeln, und das Gute zu beschließen und umzusetzen, uns zu einem standhaften Ritter für dieses Gute in der Welt zu wandeln, führt uns zu dem, was wir immer, aber besonders in der gegenwärtigen Situation so sehr benötigen: *«zum Vertrauen auf göttliches Walten»* sowohl in der makrokosmischen, weiten Welt als auch im Mikrokosmos des eigenen Inneren. Dann verwirklichen wir nichts Geringeres, als das Reich des Vaters, um dessen Kommen wir im *Vaterunser* bitten, auf unser Menschheitsumfeld zu erweitern.

Dies schafft Realitäten! Und wenn wir dies gemeinsam und auch noch zu derselben Stunde bewegen, dann vollziehen wir fürwahr – auch ohne physische Nähe – eine religiöse, eine kultische Handlung.

Nun möchte ich Ihnen noch das Folgende ans Herz legen: In der Rudolf Steiner Gesamtausgabe (GA) Band 267, *Seelenübungen Band I*, findet sich eine Ihnen aus dem Buch *Wie erlangt man Erkenntnisse der höheren Welten?* gewiss wohlvertraute *Übung zur Entwicklung der 16-blättrigen Lotusblume.* Es ist eine achtstufige Übung, die Rudolf Steiner hier (anders als im Buch *Wie erlangt man Erkenntnisse der höheren Welten?)* auf sieben bestimmte Tage der Woche verteilt und – wie für unsere Zweigarbeit gemacht – für die Durchführung der einzelnen Übungen über einen Zeitraum von (acht oder) *vierzehn Tagen* empfiehlt.

Ich möchte hiermit den Anstoß zu einem *Experiment* geben, das auf die konsequente Umsetzung seelischer Übungen zielt. Fühlen Sie sich aber bitte darin vollkommen frei und nehmen Sie meinen Vorschlag als Anregung, nicht als autoritär verordnete Verpflichtung auf! Aber es ist vielleicht gerade die Gelegenheit da, in dieser Lage sich zu einer solchen konsequenten, täglichen Übung durchzuringen, wenn man weiß, dass die übrigen Freunde unserer Arbeitsgemeinschaft sie auch vollziehen. Es ist übrigens in der seelischen Selbsterziehung durchaus erlaubt, sich darin durch solcherlei kleine Mittel gegenseitig zu motivieren. Hinzu kommt, dass diese kleine Arbeit, wenn sie von uns allen über die nächsten Wochen wirklich verrichtet wird, eine große Kraft entfaltet nicht nur in unserem eigenen Innern, sondern für die reale Präsenz und Wirkung der Wahrheit in der Außenwelt.

Zwar ist die erste Übung mit dem Wochentag *Samstag* überschrieben, aber ich meine, es ist zulässig und sinnvoll, einfach mit der ersten Übung (das Lenken der Aufmerksamkeit auf den Erwerb und die Art seiner Vorstellungen) am Mittwoch, dem Zweigabend, oder entsprechend am darauffolgenden Donnerstagmorgen zu beginnen und sie täglich durchzuführen bis zum nächsten Zweigabend in 14 Tagen. Schließlich wird ein und dieselbe Übung ohnehin nicht nur an einem bestimmten Tag durchgeführt, sondern an allen Tagen der Woche.

Wenn das Bedürfnis besteht, seine diesbezüglichen Erfahrungen mitzuteilen oder Fragen zu stellen, so teilen Sie dies bitte mit.

Als eine weitere Anregung kann in diesen 14 Tagen auch das wiederholte individuelle Lesen des ersten Kapitels, *Von dem Vertrauen, das man zu dem Denken haben kann, und von dem Wesen der denkenden Seele – vom Meditieren,* in Rudolf Steiners Buch *Die Schwelle der geistigen Welt* (GA 17) empfohlen werden.

Und nun noch eine vielleicht etwas unkonventionelle Anregung: den *Grundsteinspruch* (in GA 260, möglichst auswendig) laut *in der Natur* zu sprechen. Damit ist nicht gemeint, dass man ihn *laut,* also für alle Ohren vernehmlich rezitiert, dass man aber, wenn möglich intim, das heißt, von anderen ungehört, nicht nur in Gedanken spricht, sondern die Worte in der Außenwelt erklingen lässt. (Bitte achten Sie darauf, dass Sie dies nur tun, wenn sie wirklich nicht von anderen Spaziergängern dabei gehört werden. Es geht mir mit dieser Bitte nicht darum, sie vor einer etwaigen Verspottung oder abfälligen Beurteilung zu bewahren, sondern darum, dass dadurch jede Gefahr ausgeräumt wird, in irgendeiner Weise für die Ohren der Anderen besonders angemessen und somit letztlich künstlich oder gar eitel diese Worte auszusprechen. Denn es geht ja bei dieser Übung darum, dass wir uns – ganz «nackt» und ehrlich – in ein vollkommen ungekünsteltes, natürliches Verhältnis zu unserer geistigen Heimat und den in ihr waltenden göttlichen Wesen setzen.)

Die Erfahrungen, die man beim Sprechen des Grundsteinspruchs in der Natur machen darf, sind ganz unvergleichlich nährende, erhabene. Man hat die wahrheitsgemäße und darum so ungeheuer kraftvolle Empfindung, dass sich die ganze Weltenwahrheit durch die eigene Kehle in die Schöpfung hineinergießt, und indem man die Worte spricht, spricht die ganze Schöpfung sie einem zugleich selber entgegen. Das Aussprechen der Wahrheit, dieser Weltenweisheits-Wahrheit, ist heute (man könnte sagen: bedauerlicherweise) eine markerschütternde Wohltat. Für einen selbst, seine Menschenbrüder, die göttlichgeistige Welt und vor allem auch die physische Welt.

Man erfährt auch das reale trinitarische Wirken in einer Weise, wie es in der geistigen Betrachtung sonst so nicht der Fall ist. Man steht als Mensch inmitten dieser trinitarischen Wirksamkeit, die immerdar waltet, die man aber durch das eigene Erleben direkt auf Erden gewissermaßen mitverantwortlich, mittätig umsetzt. – Dies sind nur wenige Andeutungen zu den Erlebnissen, mit denen die Seele dabei erfüllt werden kann, und Sie werden sicher, soweit Ihnen diese Übung möglich ist, ganz eigene und vielleicht auch andere Erfahrungen damit machen.

Ich habe den Eindruck, dass von allen Poemen, Wahrspruchworten und Mantren der Grundsteinspruch, auf diese Weise einmal gesprochen erlebt, eine Ausnahmestellung einnimmt. Jedenfalls kommen wir dadurch einmal ganz aus dem Gedanklichen heraus und können der Realität der geistigen Welt direkt, unser ganzes Wesen durchströmend, gewahr werden.

Als einen *mantrischen Abschluss* für unseren gemeinsamen Zweigabend möchte ich Ihnen den Michael-Spruch «Sieghafter Geist» empfehlen, der uns das Wesen des wahren Zeitgeistes unserer Epoche vor Augen stellt und uns durch seinen Aufruf-Charakter nicht nur unsere zeitgemäßen Aufgaben im praktischen Alltag ins Bewusstsein ruft, sondern uns auch den nötigen Willensimpuls verleihen kann, sie zu erfüllen.

«Sieghafter Geist
Durchflamme die Ohnmacht
Zaghafter Seelen.
Verbrenne die Ichsucht,
Entzünde das Mitleid,
Dass Selbstlosigkeit,
Der Lebensstrom der Menschheit,
Wallt als Quelle
Der geistigen Wiedergeburt.»

In: Rudolf Steiner. Mantrische Sprüche... Bd II, GA 268

Ich wünsche Ihnen von Herzen alles Gute und freue mich schon jetzt auf unser Wiedersehen.

Judith v. Halle

PS. Wie schön, dass wir in unserer Gemeinschaft in jeder Lebenssituation miteinander verbunden sind!

Anhang 1

Rudolf Steiner: Die acht Seelenübungen zur Ausbildung der 16-blätterigen Lotosblume Aus: Seelenübungen, GA 267

Für die Tage der Woche

Der Mensch muss auf gewisse Seelenvorgänge Aufmerksamkeit und Sorgfalt verwenden, die er gewöhnlich sorglos und unaufmerksam ausführt. Es gibt acht solche Vorgänge.

Es ist natürlich am besten, auf einmal *nur eine* Übung vorzunehmen, zum Beispiel während acht oder vierzehn Tagen, dann die zweite usw., dann wieder von vorne anfangen. Übung acht kann indessen am besten täglich gemacht werden. Man erreicht dann nach und nach richtige Selbsterkenntnis und sieht auch, welche Fortschritte man gemacht hat. Später kann dann vielleicht – mit Samstag beginnend – täglich eine Übung vorgenommen werden neben der achten, zirka fünf Minuten dauernden, so dass dann jeweils auf denselben Tag die nämliche Übung fällt. Also Samstags die Gedankenübung, Sonntags die Entschlüsse, Montags das Reden, Dienstags das Handeln, Mittwochs die Taten usw.

Samstag

Auf seine *Vorstellungen* (Gedanken) achten. Nur be-
deutsame Gedanken denken. Nach und nach lernen, in
seinen Gedanken das Wesentliche vom Unwesentlichen,
das Ewige vom Vergänglichen, die Wahrheit von der
bloßen Meinung zu scheiden.

Beim Zuhören der Reden der Mitmenschen versuchen, ganz still zu werden in seinem Innern und auf alle
Zustimmung, namentlich alles abfällige Urteilen (Kritisieren, Ablehnen), auch in Gedanken und Gefühlen, zu
verzichten. – Dies ist die sogenannte
«richtige Meinung».

Sonntag

Nur aus begründeter voller Überlegung heraus selbst
zu dem Unbedeutendsten sich *entschließen*. Alles ge-
dankenlose Handeln, alles bedeutungslose Tun soll von
der Seele ferngehalten werden. Zu allem soll man stets
wohlerwogene Gründe haben. Und man soll unbedingt
unterlassen, wozu kein bedeutsamer Grund drängt.

Ist man von der Richtigkeit eines gefassten Entschlus-
ses überzeugt, so soll auch daran festgehalten werden in
innerer Standhaftigkeit. – Dies ist das sogenannte
«richtige Urteil»,
das nicht von Sympathie und Antipathie abhängig gemacht wird.

Montag

Das Reden. Nur was Sinn und Bedeutung hat, soll von den Lippen desjenigen kommen, der eine höhere Entwickelung anstrebt. Alles Reden um des Redens willen – zum Beispiel zum Zeitvertreib – ist in diesem Sinne schädlich.

Die gewöhnliche Art der Unterhaltung, wo alles bunt durcheinander geredet wird, soll vermieden werden; dabei darf man sich nicht etwa ausschließen vom Verkehr mit seinen Mitmenschen. Gerade im Verkehr soll das Reden nach und nach zur Bedeutsamkeit sich entwickeln. Man steht jedem Rede und Antwort, doch gedankenvoll, nach jeder Richtung hin überlegt. Niemals ohne Grund reden! Gerne schweigen. Man versuche, nicht zu viel und nicht zu wenig Worte zu machen. Zuerst ruhig hinhören und dann verarbeiten.

Man heißt diese Übung auch:
«*das richtige Wort*».

Dienstag

Die äußeren Handlungen. Diese sollen nicht störend sein für unsere Mitmenschen. Wo man durch sein Inneres (Gewissen) veranlasst wird zu handeln, sorgfältig erwägen, wie man der Veranlassung für das Wohl des Ganzen, das dauernde Glück der Mitmenschen, das Ewige, am besten entsprechen könne.

Wo man aus sich heraus handelt – aus eigener Initiative –, die Wirkungen seiner Handlungsweise im voraus auf das Gründlichste erwägen.

Man nennt das auch

«die richtige Tat».

Mittwoch

Die Einrichtung des Lebens. Natur- und geistgemäß leben, nicht im äußeren Tand des Lebens aufgehen. Alles vermeiden, was Unruhe und Hast ins Leben bringt.

Nichts überhasten, aber auch nicht träge sein. Das Leben als ein Mittel zur Arbeit, zur Höherentwickelung betrachten und demgemäß handeln.

Man spricht in dieser Beziehung auch vom

«richtigen Standpunkt».

Donnerstag

Das menschliche Streben. Man achte darauf, nichts zu tun, was außerhalb seiner Kräfte liegt, aber auch nichts zu unterlassen, was innerhalb derselben sich befindet.

Über das Alltägliche, Augenblickliche hinausblicken und sich Ziele (Ideale) stellen, die mit den höchsten Pflichten eines Menschen Zusammenhängen, zum Beispiel deshalb im Sinne der angegebenen Übungen sich entwickeln wollen, um seinen Mitmenschen nachher um so mehr helfen und raten zu können, wenn vielleicht auch nicht gerade in der allernächsten Zukunft.

Man kann das Gesagte auch zusammenfassen in:
«Alle vorangegangenen Übungen
zur Gewohnheit werden lassen».

Freitag

Das Streben, möglichst viel vom *Leben zu lernen.* Nichts geht an uns vorüber, das nicht Anlass gibt, Erfahrungen zu sammeln, die nützlich sind für das Leben. Hat man etwas unrichtig oder unvollkommen getan, so wird das ein Anlass, ähnliches später richtig oder vollkommen zu machen.

Sieht man andere handeln, so beobachtet man sie zu einem ähnlichen Ziele (doch nicht mit lieblosen Blicken). Und man tut nichts, ohne auf Erlebnisse zurückzublicken, die einem eine Hilfe sein können bei seinen Entscheidungen und Verrichtungen.

Man kann von jedem Menschen, auch von Kindern, viel lernen, wenn man aufpasst.

Man nennt diese Übung auch
«das richtige Gedächtnis»
das heißt sich erinnern an das Gelernte, an die gemachten Erfahrungen.

Zusammenfassung

Von Zeit zu Zeit Blicke in sein Inneres tun, wenn auch nur fünf Minuten täglich zur selben Zeit. Dabei soll man sich in sich selbst versenken, sorgsam mit sich zu Rate gehen, seine Lebensgrundsätze prüfen und bilden, seine Kenntnisse – oder auch das Gegenteil – in Gedanken durchlaufen, seine Pflichten erwägen, über den Inhalt und den wahren Zweck des Lebens nachdenken, über seine eigenen Fehler und Unvollkommenheiten ein ernstliches Missfallen haben, mit einem Wort: das Wesentliche, das Bleibende herauszufinden trachten und sich entsprechende Ziele, zum Beispiel zu erwerbende Tugenden, ernsthaft vornehmen. (Nicht in den Fehler verfallen und denken, man hätte irgend etwas gut gemacht, sondern immer weiter streben, den höchsten Vorbildern nach.)

Man nennt diese Übung auch
«die richtige Beschaulichkeit».

Zitierte Bücher

Zu S. 22ff.: Corona-Pandemie – Aspekte und Perspektiven. Goetheanum · Freie Hochschule für Geisteswissenschaft · Medizinische Sektion, Matthias Girke und Georg Soldner, Dornach, 19. März 2020. Übersetzungen in mehreren Sprachen, zum Download auf der Homepage der Sektion.

Zu S. 28: Rudolf Steiner, *Wie erwirbt man sich Verständnis für die geistige Welt?* GA 154, 2. Aufl. Dornach 1985, Vortrag vom 5. Mai 1914.

Zu S. 35: Rudolf Steiner, *Stichwort Epidemien,* 2. Aufl. Dornach 2020.

Zu S. 48: Rudolf Steiner, *Die spirituellen Hintergründe der äußeren Welt. Der Sturz der Geister der Finsternis,* GA 177, 6. Aufl. Dornach 2013.

Zu S. 50: Rudolf Steiner, *Von Jesus zu Christus,* GA 131, 7. Aufl. Dornach 1988, S. 229.

Zu S. 58 und S. 61: Judith von Halle, *Von Krankheiten und Heilungen,* 2. Aufl. Dornach 2015, S. 143.

Zu S. 61: Judith von Halle, *Die sieben Mysteriendramen Rudolf Steiners,* Dornach 2016, S. 95ff.

Zu S. 107: Rudolf Steiner, *Wahrspruchworte,* GA 40, 9. Aufl. Dornach 2005, S. 324.

Zu S. 109: Rudolf Steiner, *Wie erlangt man Erkenntnisse der höheren Welten?* GA 10, 24. Aufl. Dornach 1993 (zur «Ausbildung der 16-blätterigen Lotosblume», siehe S. 118ff.).

Zu S. 109ff.: Rudolf Steiner, *Seelenübungen. Band I,* GA 267, 2. Aufl. Dornach 2001, S. 68ff. («Für die Tage der Woche»).

Zu S. 110: Rudolf Steiner, *Die Schwelle der geistigen Welt,* GA 17, 8. Aufl. Dornach 2009, S. 9-14.

Zu S. 112f.: Rudolf Steiner, *Mantrische Sprüche. Seelenübungen Band II,* GA 268, Dornach 1999, S. 73 («Sieghafter Geist...», Meditationsworte, die den Willen ergreifen).

Anmerkung zu Seite 68

Diese pauschalierende Aussage ist eine Reaktion auf Zuschriften von Mitgliedern, zu denen ich Stellung nehmen sollte, mit dem Tenor: Das Coronavirus sei ein Geschenk höherer Geistesmächte, das wir nicht ablehnen, sondern umarmen sollten. Zur Klarstellung, dass alle physischen Erscheinungen der Sinneswelt Manifestationen bestimmter geistiger und damit *moralischer* Impulse sind, dass diese wiederum sehr unterschiedliche Qualitäten haben, welche der Mensch des Bewusstseinsseelen-Zeitalters zu erkennen und zu unterscheiden berufen ist, und dass Viren – so auch Sars-CoV-2 – zu jenen Manifestationen von geistigen Impulsen gehören, die sich *gegen* die höhere Entwicklung des Menschenwesens richten, ist diese verallgemeinernde Pointierung gemacht worden.

Dass die Bekämpfung eines viralen Angriffs dem Kind, das Erdenmensch werden soll, in einer bestimmten Phase seiner Entwicklung dazu verhelfen kann, auf der Erde Fuß zu fassen und dort gegenüber weiteren, durchaus auch ganz anderen Arten von Gegenkräften, die ihm auf seinem weiteren Entwicklungsweg entgegentreten werden, besser gewappnet zu sein (vgl. hierzu Hinweise Rudolf Steiners in Bezug auf allerlei Kinderkrankheiten, z. B. auch Masern), ändert nichts an der Tatsache, dass die moralische Geistigkeit von Viren eine der höheren Entwicklung des Menschen feindlich gesonnene ist. – Nach dem Bekenntnis des Goethe'schen Mephistopheles: «[Ich bin] *ein Teil von jener Kraft, / Die stets das Böse will und stets das Gute schafft...*»

Diese zu erringenden Vorteile einer Virusinfektion beziehen sich aber zunächst gerade auf das «Irdisch-Werden-Können» des Menschen und betreffen daher vor allem die Entwicklung des Kindes (vgl. auch S. 83). Als Manifestation geistiger Impulse *ahrimanischer* (nicht luziferischer) Färbung «fördern» sie die tiefere Verbindung mit der Inkarnation.

Zwar will der Mensch auch weiterhin Inkarnationen auf seiner Erde durchmachen, aber seit dem Ereignis von Golgatha, und speziell seit dem Beginn des Bewusstseinsseelen-Zeitalters, will er seine physische Existenz allmählich von der bindenden Gewalt der materiellen Erde losmachen. Er will also ein vergeistigter Erdenmensch werden, will seine physische Leiblichkeit (in einem ersten Schritt) auf die Stufe des Ätherischen heben. (Vgl. hierzu Rudolf Steiners Ausführungen zum sogenannten Phantom des physischen Leibes in seinem Zyklus «Von Jesus zu Christus», GA 131.) Eben diese höhere Entwicklung seines physischen Leibes, welche im Übrigen parallel zur Ätherisation des physischen Erdenleibes erfolgt, wird von bestimmter Seite her attackiert, unter anderem in Form viraler Krankheitserreger. Die an der ätherischen Leibgestalt auftretenden «Vernarbungen» oder Verhärtungen, die infolge viraler Infektionen entstehen, sollen nach dem Willen jener widerstreitenden Seite dem betreffenden Ich die Aktivität seines höheren Bewusstseins im physischen Leib erschweren und auf diese Weise dazu führen, dass die vergeistigte Leibgestalt, für deren «Anziehen» es der Erkenntnis- und Willenskräfte des Ichs bedarf, nicht herangebildet werden kann. Wenn man sich klarmacht, dass aber eine solche vergeistigte Leibgestalt die Grundlage aller weiteren Entwicklung der Menschenwesenheit sein wird, kann deutlich werden, was derartige Attacken bedeuten.

Darauf, dass diese Attacken seit dem dritten Einschlag des soratischen Impulses, also etwa seit der zweiten Hälfte des 20. Jahrhunderts eine ganz neue Dimension erfahren, so auch die Wirkung von heute auftretenden Viren, ist bereits in vorangehenden Kapiteln aufmerksam gemacht worden und möge hier berücksichtigt werden.

Judith von Halle

Anhang 2

Das große Ablenkungsmanöver

Vorbemerkung des Herausgebers
zu diesem Anhang

Zwischen dem Zeitpunkt der Erstellung des vorliegenden Beitrags von Judith von Halle zur Coronavirus-Pandemie in Form der beiden Briefe und dem Erscheinen der ersten Auflage dieses Buches, die bereits wenige Tage später vergriffen war, lagen gut fünf Wochen.

Während dieses Zeitraums sind Entwicklungen eingetreten, die neue Fragen aufgeworfen haben, zu denen sich Judith von Halle im folgenden Beitrag äußert. Dieser war ursprünglich für eine Veröffentlichung in einer anthroposophischen Zeitschrift gedacht. Da aber keines der Blätter, bei denen der Aufsatz eingereicht wurde, zu einer Publikation bereit war, wird er nun auf diesem Wege zugänglich gemacht.

Dadurch müssen sowohl der Verlag als auch die Leser mit dem Umstand leben, dass die zweite Auflage dieses Buches um einen Beitrag ergänzt ist, den die erste nicht enthalten konnte. Wir bitten deshalb um Verständnis.

Dornach, 12. Mai 2020   *Joseph Morel*

Von unbeteiligter Warte aus betrachtet hebt sich ein Bild aus dem aufgewirbelten Staub der Corona-Zeit. Es zeigt dem, der in diesen Tagen seine persönlichen Ansichten fallen lassen kann, dass sich die eigentliche Wucht des Geschehens erst jetzt zu entfesseln beginnt. Man könnte auch sagen: die Saat ist aufgegangen.

Jenseits des eigentlichen Pandemie-Geschehens oder der Frage nach dem Virus und der durch es ausgelösten Erkrankung bewegt derzeit ein neues Thema viele Menschen in der Welt, vor allem in den Industrienationen und Wohlstandsländern, ganz besonders in Deutschland. Die Bevölkerung scheint nach und nach in zwei große Meinungslager zu zerfallen: in eines der Initiatoren und Befürworter von staatlich verfügten Maßnahmen zur Eindämmung der Coronavirus-Pandemie und in ein anderes von Gegnern und Kritikern dieser Maßnahmen.

Innerhalb der anthroposophischen Bewegung werden viele Stimmen laut, die sich zur zweiten Gruppierung zählen und sich zum Teil in dieser Richtung stark engagieren.

Nur Wenigen scheinen sich dabei aber bisher Fragen von der Art aufzudrängen, wie sie sich beispielsweise für Jonathan Stauffer stellen. Im Newsletter des Futurum Verlags mit dem Titel «Rückblick auf den 1. Mai 2020» wundert er sich nämlich darüber, dass er sich in puncto Corona ideologisch plötzlich in einer Gemeinschaft von Menschen wiederfindet, *«mit denen ich sonst aber auch gar nichts gemein habe»* und dass *«die kritischen Fragen, mutigen Menschen und die normalen und nötigen Investigationen»* ausschließlich in *«Kanälen»* zu finden sind, *«mit denen ich mich vorher nur mit spitzigen Fingern auseinandergesetzt habe»*. Und er fragt: *«Was geht hier vor?»*

Eines scheint jedenfalls auf der Hand zu liegen: Das politische Establishment und die von Staatsseite gleichgeschalteten «öffentlich-rechtlichen» Medien lassen keinen Raum *«für die normalen und nötigen Investigationen»* und auch nicht für diesbezügliche Berichte. Aus Letzteren gehe aber gerade hervor, dass wir es beim Coronavirus mit einem *«Gespenst»* zu tun haben, *«das uns gerade manipuliert»*, und Stauffer fragt, was denn nun also *«unsere Waffe»* gegen dieses Gespenst sei. Er wirbt für eine Erkenntnis-Umarmung des fremden Wollens, um zu verstehen, *«was unsere Brüder dazu antreibt, ‹mit Bomben und Gewehren› zu kommen»* (womit er einen Liedtext von Konstantin Wecker zitiert und die staatlichen Maßnahmen zur Pandemie-Eindämmung meint).

So zutreffend und so bedenklich es ist, dass man von öffentlich-rechtlicher Seite weitgehend einhellige Beurteilungen vermittelt bekommt, und so ehrenwert der Vorschlag der Umarmung auch ist, so wenig beantworten diese Aussagen und Vorschläge aber seine eingangs gestellte Frage.

Zurecht bemerkt Jonathan Stauffer: «*Alles steht auf dem Kopf*».

Damit meint er allerdings, was so oder ähnlich viele Persönlichkeiten, die sich in den letzten Tagen und Wochen innerhalb der anthroposophischen Szene zu Wort gemeldet haben, auch meinen. Dass nämlich eine Person wie Wolfgang Wodarg «*verhöhnt und ausgegrenzt*» wird, während «*an Wodargs Stelle*» einem Karl Lauterbach «*gehuldigt*» wird, «*der mit Pauken und Trompeten den Lockdown noch verschärfen möchte und vor nächsten Wellen warnt, obwohl es ja in Deutschland und der Schweiz keine richtige erste Welle gegeben hat.*» – (Ich möchte nicht weiter darauf eingehen, dass diejenigen, die einen Angehörigen, gleich welchen Alters, durch das Virus verloren haben, oder nicht gerade in Deutschland und der Schweiz, sondern zum Beispiel in Italien oder Spanien leben, solche Aussagen vermutlich als zynisch, verletzend oder teilnahmslos empfinden müssen.)

Der Fall scheint eindeutig: Dort die mächtige Lobby der Panikschürer, Wahrheitsverdreher und willigen Knechte einer weltweiten Gesundheitsdiktatur – hier die unterdrückten «*Einzelkämpfer, die sich nicht beugen lassen und ihr Menschenmögli-*

ches tun», «*ihre unermüdliche und unerschrockene Suche*» nach der «*abschließenden Wahrheit*» fortzusetzen, wie es im Newsletter weiter heißt.

Das aus dem aufgewirbelten Staub sich abhebende Bild offenbart: In der Tat! Wir werden manipuliert. – Allerdings nicht nach einem allzu offensichtlichen Schwarz-Weiß-Schema.

Der vorliegende Beitrag soll keinesfalls den Eindruck erwecken, dass die Fragen, die sich viele Menschen bezüglich der weltweit staatlich verordneten Pandemiebekämpfungs-Maßnahmen stellen, nicht berechtigt seien. Er soll auch kein Plädoyer dafür sein, die Schwierigkeiten bei der Suche nach objektiven, seriösen Beiträgen oder Antworten zum Coronavirus oder zu anderen relevanten politischen, sozialen oder wirtschaftlichen Fragen in den Medien klaglos hinzunehmen, oder etwa nicht zu versuchen, hinter die Kulissen zu blicken, um nach den tieferen Ursachen bestimmter Entwicklungen zu forschen! Dieser Beitrag soll aber die Aufmerksamkeit einmal auf einen anderen Aspekt lenken, der wenig beachtet zu werden scheint, der aber meiner Wahrnehmung nach dringend beachtet werden sollte.

Betrachtet man nämlich das Bild genauer, wird es einen darauf hinweisen, dass bei allen beherzten Protestbewegungen der Gegenwart – seien es

Tierschutz-, Klimaschutz- oder Corona-Maßnahmen-Protestbewegungen – etwas Furchtbares vor sich geht, das untergründig, subtil und perfide ist: etwas, das sich der guten Intentionen und Ideale tausender oder gar Millionen von Menschen unbemerkt bemächtigt.

Dabei werden die guten Intentionen gar nicht etwa umgelenkt oder für anderes instrumentalisiert. Denn die jeweiligen Bewegungen verzeichnen durchaus Erfolge auf ihren Gebieten. Das Perfide besteht zunächst darin, dass solche gutmeinenden, berechtigten und notwendigen Initiativen auf die ihnen entgegengebrachten Widerstände reagieren, indem sie sich entsprechend verstärken – was ja nicht anders sein kann und im Grunde auch gut ist. Nur droht dadurch – wie nebenbei – etwas wirklich Teuflisches, und genau das ist beabsichtigt: Der wunderbare und große sich bei diesen Bewegungen entfaltende Enthusiasmus vor allem der jungen Generation sowie die volle Aufmerksamkeit der Engagierten wird restlos *gebunden* in diesen Bewegungen, so dass *Eines* ganz sicher *nicht* eintritt:

Das Gewahrwerden
des Zentralereignisses unserer Zeit,
die Wahrnehmung
der Wesenheit Christi als ätherische Erscheinung.

An dieser Wahrnehmung hängt aber die Zukunft des Einzelnen und unserer Menschheit! Denn durch sie wird erst alles möglich, was jetzt dringend gebraucht wird: Allein durch sie kann der Mensch sein Tun auf Erden so einrichten, dass es nicht auf tönernen Füßen steht. Denn Christus berührt, rührt die einzelne Seele in einer solchen Weise, dass der Mensch in seinem ganzen Wesen einen völligen Umwandlungsimpuls erfährt. Er gewinnt eine neue Anschauung vom Menschenwesen, von dessen Ursprung und Ziel, vom ganzen Sinn seiner Inkarnation und vom Wesen der Welt und nicht zuletzt auch von den Bedürfnissen seines Lebensraumes, der Erde. Auch braucht er sich dann nicht mehr vorzunehmen und durch allerlei Tricks dazu zu motivieren, nach christlich-anthroposophischen Konzepten zu handeln, wie beispielsweise das fremde Wollen erkenntnismäßig zu umarmen. Solches Verhalten fließt dann ganz selbstverständlich wie eine Lebensnotwendigkeit aus seiner Seele. Erst durch die Begegnung mit Christus und die aus ihr sich ergebenden Einsichten kann er zu einem verlässlichen Glied eines neuen, tragfähigen und dauerhaft lebendigen Gemeinschaftsorganismus werden. Ferner vermag er es, durch die unmittelbare innere Berührung mit demjenigen Geist, der sich einst «die Wahrheit» und «das Leben» nannte, wirklichkeitsgemäße Begriffe von den Dingen und Vorgängen jenseits und diesseits der Schwelle zu entwickeln. Die Begegnung mit der

Wesenheit des Christus hebt sein Gedankenleben zu sonst kaum erreichbaren Höhen des Verständnisses empor und damit zu gesunder Demutsfähigkeit gegenüber dem Göttlichen, zu Liebe gegenüber diesem Göttlichen und zu Liebe und Friedfertigkeit gegenüber seinen Mitmenschen.

Und nicht zuletzt: Die «Erkenntnis des Bösen» und dessen Intentionen (nach Rudolf Steiner die Erkenntnisaufgabe der gegenwärtigen, fünften nachatlantischen Kulturepoche) lässt sich nur erlangen, wenn man etwas von derjenigen Wesenheit wirklich selbst-erlebend erfährt, gegen die sich jenes Böse richtet. Erst durch die alles entscheidende Begegnung mit Christus wird man aus seinen engen Betrachtungswinkeln befreit, die zuvor den Blick auf größere Zusammenhänge verstellt haben, selbst wenn oder gerade dann, wenn man glaubte, größere Zusammenhänge zu überblicken, und die einem auf diese Weise letztlich mit beklemmender Ratlosigkeit zurückgelassen haben. Denn das Netz des Bösen ist in der Tat so weit, nämlich über sämtliche Bereiche des irdischen Daseins gespannt, dass der, der einmal damit beginnt, nach den Stricken dieses Bösen zu forschen, unweigerlich im Dickicht der alles überwuchernden, unzähligen Details und Verflechtungen stecken bleibt und sich irgendwann von ihnen eingesponnen erlebt wie in einen Kokon, aus dem weder er selbst noch die übrige Menschheit wieder entkommen kann – wenn er nicht «das Licht der Welt» (Joh.

8, 12) mit sich führt, das ihm den Weg durch dieses Netz weist.

Doch für die Wahrnehmung einer nicht physisch-sinnlich, sondern ätherisch sich offenbarenden Wesenheit sind bestimmte Voraussetzungen nötig. Wer ganz im Sinnesleben verhaftet ist, wer ausschließlich auf die äußeren Ereignisse in der Welt konzentriert ist, dem bleiben die geistigen Augen dafür verschlossen.

Und eben darauf läuft alles hinaus, was derzeit vor sich geht: *«Ja, diejenigen Brüderschaften ..., welche die Seelen der Menschen in die materialistische Sphäre bannen wollen, ... haben das Bestreben, den Christus unvermerkt vorübergehen zu lassen im 20. Jahrhundert, sein Kommen als ätherische Individualität nicht bemerkbar werden zu lassen für die Menschen.»* Sie wollen stattdessen *«eine andere Individualität, die nicht einmal irgendwann im Fleische erschienen ist, sondern nur eine ätherische Individualität, aber streng ahrimanischer Natur ist, an die Stelle setzen.»* (Rudolf Steiner: GA 178, Vortrag vom 18. November 1917) Gemeint ist Sorat – das Sonnendämonium, dessen drittes Aufbegehren wir seit dem Ende des 20. Jahrhunderts erleben. Wir stehen mitten in seinem Wirken.

Diese Wesenheit ist nicht einfältig! Sie wirkt nicht immer da, wo man sie vermutet. Zumeist wirkt sie gerade da, wo man sie *nicht* vermutet. Goethe ließ seinen Mephisto einmal vor Faust bekennen (II, 4):

«*Als Gott der Herr – ich weiß auch wohl,*

warum —

Uns aus der Luft in tiefste Tiefen bannte,
Da, wo zentralisch glühend, um und um,
Ein ewig Feuer flammend sich durchbrannte,
Wir fanden uns bei allzugroßer Hellung
In sehr gedrängter, unbequemer Stellung.
Die Teufel fingen sämtlich an zu husten,
Von oben und von unten auszupusten;
Die Hölle schwoll von Schwefelstank und -säure,
Das gab ein Gas! Das ging ins Ungeheure,
So dass gar bald der Länder flache Kruste,
So dick sie war, zerkrachend bersten musste.
<u>Nun haben wir's an einem andern Zipfel,</u>
<u>Was ehmals Grund war, ist nun Gipfel.</u>
<u>Sie gründen auch hierauf die rechten Lehren,</u>
<u>Das Unterste ins Oberste zu kehren.</u>
<u>Denn wir entrannen knechtisch-heißer Gruft</u>
<u>Ins Übermaß der Herrschaft freier Luft.</u>
<u>Ein offenbar Geheimnis, wohl verwahrt,</u>
<u>Und wird nur spät den Völkern offenbart.</u>

(Ephes. 6, 12)»

In der Tat: «*Alles steht auf dem Kopf*»!

Der heimtückische Plan, das wohl verwahrte Geheimnis, besteht darin, durchaus christliche Werte, Ideale und Beweggründe in uns dazu zu missbrauchen, alle Bewusstseinstätigkeit und Lebensenergie auf die rein physischen Verhältnisse des Sinneslebens zu lenken.

Und – das muss man sich an dieser Stelle wohl oder übel eingestehen – die Bewegungen zum Klimaschutz oder auch zur gegenwärtigen Protestbewegung gegen die Einschränkung bestimmter Lebensverhältnisse in Zeiten des Coronavirus sind letztlich rein auf das Sinnesleben bezogene Bewegungen. Es geht dabei um (ohne Zweifel auch wichtige) ökologische, politische, wirtschaftliche, soziale Fragen. Aber es geht dabei *niemals um spirituelle Fragen.* Niemand protestiert dagegen, weder auf offener Straße noch im digitalen Netz, dass in unserer Zeit das für den einzelnen Menschen und die ganze Menschheit entscheidende Ereignis nicht mit einer Silbe erwähnt, nicht im Mindesten beachtet wird!

Der in dieser Hinsicht unschätzbare Verlust der «*Freiheit im Geistesleben*» wird auch gar nicht beanstandet. Denn dasjenige Geistesleben, das auf einer echten Erkenntnis der Wesenheit Christi gründet, wird überhaupt nicht vermisst. Die Kritik richtet sich in der Hauptsache gegen einen Verlust «*bürgerlicher Freiheit*». In der «bürgerlichen» Welt, also der Welt des «*Rechtslebens*», sollte es aber, wenn man der Idee der sozialen Dreigliederung folgt, um «*Gleichheit*» gehen, so wie es im «*Wirtschaftsleben*» um «*Brüderlichkeit*» geht.

Lassen wir uns den aufgewirbelten Staub nicht in die Augen streuen! Nicht nur der gewöhnliche Politiker oder der klassische Virologe, auch ein Wolfgang Wodarg berücksichtigt in seinen Forschungen, Darstellungen und Beurteilungen nicht die geistige Welt. Aus dieser geistigen Welt gehen aber sämtliche physischen Ereignisse und Manifestationen hervor. Das Auftreten von Viren wird in der Öffentlichkeit oder in Bürgerinitiativen – egal welcher Ausrichtung – nicht mit Vorgängen in Verbindung gesehen, die im Geistigen stattfinden.

Dass wir nun einmal mit Viren leben, ist eine Aussage oder Haltung, mit der sich kein Mensch, aber schon gar nicht der anthroposophische Geistesschüler im Einverständnis befinden und zufriedengeben dürfte. Denn Letzterer ist als solcher zu der Einsicht gelangt, dass es viele unterschiedliche Offenbarungen von ebenso vielen unterschiedlichen Geistwesen innerhalb der Sinneswelt gibt, die in ihrer moralischen Qualität und Zielsetzung zum Teil vollkommen gegensätzlich sind und in diesem Sinne erkannt und unterschieden werden müssen. Auf dieser Grundlage ist es einem Anthroposophen auch leicht erkennbar, dass alles Pathologische (wie zum Beispiel das Coronavirus) *nicht* der Ausfluss einer *gut*-göttlichen Geistigkeit sein kann. Dass vielmehr das Vorhandensein von lebensbedrohlichen oder auch «nur» krankmachenden Erregern eher ein Zeichen dafür ist, dass in der Gegenwart weitläufig (pandemisch) das Schalten und Walten einer unter-sinnlichen Geistesmacht verkannt und darum auch nicht gebannt wird. – Die Diskussion um Verschärfungen oder Lockerungen von gesellschaftlichen Einschränkungen geht darum – so berechtigt sie ist – am Wesentlichen vorbei, solange man dieses Wesentliche gar nicht berücksichtigt.

In jenem Reich, um dessen Kommen wir im «Vaterunser» bitten, die Welt, aus der unsere unvergängliche, wahre Wesenheit stammt, gibt es keine Bakterien und Viren! Humanpathogene Bakterien und Viren sind Ausflüsse kranker, widerstreitender Geistigkeit. Sie entbinden Gifte. Physische, seelische und geistige Gifte. Mit ihnen in dauerhafter Koexistenz leben zu wollen und sie als natürlichen Bestandteil der menschlichen Daseins- und Entwicklungssphäre hinzunehmen, müsste bedeuten, dass der Mensch in die Stagnation seines Geistes eingewilligt hat, dass er den Willen aufgegeben hat, Gutes von Bösem, Gesundes von Krankem, Moralisches von Unmoralischem zu unterscheiden und sich auf der Grundlage solcher Erkenntnis zu einem zukunftsfähigen Wesen zu entwickeln.

Dass diese physischen Manifestationen unmoralischer Geistigkeit (wie Viren) in unserer Welt vorhanden sind, ist eine Tatsache. Dass der Mensch mit ihnen leben und umgehen muss, solange er nicht in der Lage ist, durch eine spirituell hochentwickelte Lebensführung die von ihnen ausgehende Bedrohung von vornherein zu verhindern, ist ebenfalls eine Tatsache. Aber die Art seines Umgangs mit ihnen zeitigt am Ende doch nur dann Erfolge, wenn er das Wesen der verschiedenen Sinnesoffenbarungen tiefer erkennen lernt und darauf entsprechend zu reagieren vermag. Dazu benötigt er unter anderem die Fähigkeit der Unterscheidung, die es aber ohne Fortschritte auf dem Gebiet der Geist-Erkenntnis nicht geben kann.

Gewiss: Der Mensch kann alles ihn hindern Wollende zu seinem «altruistischen Vorteil» gebrauchen und (durch seine Erkenntnis des jeweiligen Wesens dieses ihn hindern Wollenden) dasselbe in sich verwandeln, so dass es ihn nicht mehr zu hindern vermag. Trotzdem *bleiben* bestimmte Erscheinungen Impulse einer ihn an seiner höheren Entwicklung *hindern* wollenden Geistigkeit, und dazu zählt auch das Coronavirus. Er müsste sich also fragen: Woher nehme ich die Fähigkeit, das jeweilige Wesen der betreffenden Sinnesoffenbarung zu erkennen, das ich zuvor erkannt haben *muss*, um es in mir selbst verwandeln zu *können*, sofern es einer Verwandlung bedarf?

Blickt man nun wieder auf die aktuellen Protestbewegungen, mit denen viele Anthroposophen sympathisieren oder an denen sich Einige auch mit konkreten Aktionen beteiligen, so scheint dabei aber auch noch etwas zu Buche zu schlagen, das sich bei den Tierschutz- oder Klimaschutz-Bewegungen in dieser Intensität oder zumindest in dieser Deutlichkeit noch nicht gezeigt hat: Innerhalb der Bewegungen, die sich gegen die staatlich verordneten Maßnahmen in der Coronavirus-Pandemie richten, ist das Engagement einer nennenswerten Anzahl von Persönlichkeiten unübersehbar, deren Menschenbild und Verhaltensweisen den Grundprinzipien eines Anthroposophen zuwiderlaufen, was Jonathan Stauffer ebenfalls bemerkte. Zugleich findet sich eine große Anzahl von Menschen in diesen Bewegungen – innerlich und/oder äußerlich – ein, die weder anthroposophische noch extremistische Anschauungen vertreten. So ist diese Protestbewegung ein aus verschiedensten Befürchtungen, Behauptungen, Einwänden und Klagen bestehendes Potpourri.

Der Ruf nach Selbstbestimmung, nach «Freiheit» ist es, der all jene unterschiedlichen Menschen in dieser Protestbewegung eint.

Um welche Freiheit geht es aber dabei? Oder anders formuliert: Was für einen Freiheitsbegriff haben wir?

Ohne dem Einzelnen damit zu nahe treten zu wollen, soll in Anbetracht der stetig anwachsenden Menge von Menschen, die sich diesen Protestbewegungen anschließen, doch einmal von der grundlegenden Veranlassung gesprochen werden, die dem Unmut vieler Menschen in Wahrheit zugrunde liegt. Sie hat letztlich den bereits erwähnten Ursprung:

Im Zeitalter der Bewusstseinsseelen-Entwicklung hat der Mensch tiefgreifende seelisch-geistige Bedürfnisse, die sich aus seiner grundsätzlichen Verfassung, dem Stand seiner Entwicklung ergeben und sich daher von den Bedürfnissen in früheren Zeitaltern, in denen beispielsweise die Empfindungsseelen-Epoche oder die Verstandesseelen-Epoche seine Bedürfnisse bestimmte, unterscheiden. In der Gegenwart ist es ihm aber noch nicht gelungen, diese Bedürfnisse zu stillen. Dennoch sind sie da! Ja, sie werden uns umso dringlicher, je weniger wir sie zu stillen vermögen.

Die Bedürfnisse des Menschen des Bewusstseinsseelen-Zeitalters bestehen nun gerade in einem Verlangen nach der Tätigkeit der eigenen Bewusstseinsseele, das heißt nach einer erkenntnismäßigen Begegnung mit der Realität, mit dem, was uns sowohl eine echte Einsicht in die Zusammenhänge des Weltenganzen verleiht als auch wirkliches *Leben* einflößt. In dieses Zeitalter, ja man könnte sagen, als Antwort auf den Angriff der ahrimanischen Geister auf die einzelne Persönlichkeit seit dem Jahr 1879, stellt sich uns der Christus zur Seite, der heute der inneren Wahrnehmung offenbar werden kann und unsere besagten Bedürfnisse zu stillen hilft. Da jeder Mensch diese Bedürfnisse zwar sehr deutlich *empfindet*, jedoch viele Menschen von ihnen gar *kein Bewusstsein* und *keinen Begriff* haben, breitet sich zunehmend Unruhe in ihnen aus. Der einzelne Mensch ist mehr und mehr vom Durst nach etwas getrieben, das er nicht (er)kennt. Dies führt zu Verwirrung und Rastlosigkeit, zu einem allgemeinen Unwohlsein.

Da die auf geistigem Feld gelegene Ursache für das Unwohlsein und Unzufriedensein nicht erkannt wird, weil man weithin das Feld des Geistes für inexistent oder für eine persönliche religiöse Glaubensangelegenheit hält, sucht man darum auf allen anderen Feldern, nur eben nicht auf dem richtigen, nach der Ursache für den empfundenen Mangel. So lassen sich in der *einen* Protestbewegung die mannigfaltigsten Protestgründe finden. Der Protest hat daher, ebenso wie die schmerzlich empfundenen, aber mit Begriffen nicht benennbaren, unterbewussten Defizite, etwas Allgemeines und richtet sich schließlich gegen das Allgemeinwesen beziehungsweise gegen dessen Vertreter oder deren mutmaßliche Einflussnehmer.

Es ist nicht von der Hand zu weisen (und das obige Zitat Rudolf Steiners bestätigt dies), dass es seit dem letzten Drittel des 19. Jahrhunderts sehr wohl äußerst ernstzunehmende Unternehmungen vonseiten gewisser Interessengemeinschaften gibt, um die Menschheit in ein ungünstiges Fahrwasser zu treiben. Doch selbst wenn in diesen Protestbewegungen etwas nachgeplappert wird von Dingen, die unter Umständen von den Wenigen herrühren, die mehr wissen, liegt darin ein gefährliches Potential. Denn wenn die Mittel bei dem einzelnen Menschen nicht da sind, solche Informationen aus eigener spiritueller Einsichtsfähigkeit zu überprüfen oder zu verstehen, nützen sie ihm nichts. Ja, sie können ihm sogar schaden, weil auf diesem Wege Ängste entstehen, Angst gegenüber einem unbekannten Feind, einer unsichtbaren Bedrohung. – Damit hätte die Protestbewegung genau das bewirkt, was sie denen (gewiss nicht nur zu Unrecht) vorwirft, die zum Teil überzogene Maßnahmen ergreifen und einseitig informieren: Ängste schüren.

Dass die Erkenntnismittel in der einzelnen Seele nicht da sind, um sich selber Klarheit über die Verhältnisse zu verschaffen, kann aber keiner Regierung der Welt zum Vorwurf gemacht werden, egal wie kriminell sie auch sei; denn daran trägt niemand außer dem einzelnen Menschen-Ich selbst die Schuld. (Höchstens könnte man vorbringen, dass derart viele Menschen-Iche während der letzten 150 Jahre den Geist nicht gesucht haben, dass mittlerweile «die Menschheit» als solche Bedingungen geschaffen hat, die eine spirituelle Erkenntnis der Geschehnisse für den Einzelnen zum gegenwärtigen Zeitpunkt sehr erschweren. Doch auch das ist ein spiritueller, nämlich ein menschheitskarmischer Gesichtspunkt, und da wohl die Mehrheit der Protestierenden auch von der Tatsache und den spirituellen Mechanismen des Karma keine nähere Kenntnis hat, bezieht sich ihr Protest ebenso wenig auf diese gesamtmenschheitliche karmische Verantwortung für das gegenwärtige

Weltgeschehen wie auf ihre eigene, individuelle diesbezügliche Verantwortung.)

So beginnt man, Sündenböcke zu suchen. Und wenn man unter diesen tatsächlich welche finden sollte, die keine sind, wenn man gleich dem sprichwörtlichen blinden Huhn bei seinem Umhersuchen und Umherhören einmal einen Vorgang ausmacht, der tatsächlich dem Komplott der untersinnlichen Geistesmächte gegen das Bewusstseinsseelen-Erstarken der Menschheit dient, so fehlt immer noch das rechte Verständnis dafür, *warum* dies so ist; es fehlen noch immer die rechten Begriffe, weil man selber gegenüber dem Geist schläft, und man findet kein anderes Ventil als einen äußeren Protest, als sich einer Protestwelle anzuschließen. Der äußere Protest ist gegen solche Mächte und ihre Manifestationen jedoch vollkommen wirkungslos, denn man kann nur aus dem wirklichen Verstehen real Wirksames dagegen aufbringen. An erster Stelle müsste der Erwerb entsprechender Erkenntnismittel stehen, darauf gründend an zweiter Stelle die höhere Ratio und aus ihr sich ergebende Beschlüsse zu weiterem Vorgehen.

Wer in Massenprotestbewegungen gegen die Schurken protestiert, aber den lebendigen Geist leugnet, legt jenen Schurken die Mittel der Manipulation selbst in die Hand. Man macht sich selbst zum Spielball in einem Spiel, dessen Regeln man nicht durchschaut, weil man die Spielanleitung nicht liest, da man sich weigert, lesen zu lernen.

So trifft die Kritik selten ins Schwarze, sondern bleibt diffus und mündet letztlich in der Forderung nach der Freiheit der Persönlichkeit, deren Entbehrung man schmerzlich empfindet – und dabei durchaus ins Schwarze trifft. Doch was man als Einschränkung der Freiheit der Persönlichkeit fühlt, ist in Wahrheit das Joch der selbstverantworteten Unfreiheit seiner eigenen höheren Geistigkeit, die sich der Verleugnung ihrer selbst, nämlich des Geistes – und damit auch des Christus – unterwirft.

Manchmal kann der Eindruck entstehen, dass auch unter Anthroposophen die Realität dieser höheren Geistigkeit nicht ganz für voll genommen wird. Denn diejenigen, die an sie erinnern, werden heute schnell einmal als «Gnostiker» abklassifiziert, was wohl so viel bedeuten soll, als dass sie, etwas weltfremd, schlicht nicht ganz auf dem Boden der hiesigen und aktuellen Wirklichkeit stehen – und dazu zählt mittlerweile wohl auch Rudolf Steiner.
«Alles steht auf dem Kopf.»

In diesen Zeiten des Kopfstands soll dennoch, ja gerade darum, ein Wort Rudolf Steiners in Erinnerung gerufen werden, welches wiederum an diejenige Wesenheit erinnert, an die man heute so ungern erinnert werden möchte, weil man sich dadurch in seinem Selbstverständnis als aufgeklärter und vollständig autarker Freigeist beschnitten fühlt:

142

«*Den Freiheitsgedanken sollten die Menschen nicht ergreifen können ohne den Erlösungsgedanken des Christus. Dann allein ist der Freiheitsgedanke ein berechtigter. Wenn wir frei sein wollen, müssen wir das Opfer bringen, unsere Freiheit dem Christus zu verdanken! Dann erst können wir sie wirklich wahrnehmen. Und die Menschen, die ihre Menschenwürde beschränkt glauben, wenn sie sie dem Christus verdanken, die sollten erkennen, dass menschliche Meinungen gegenüber Weltentatsachen nichts bedeuten, und dass sie einmal recht gern ihre Freiheit als von dem Christus erworben anerkennen werden.*» (GA 131, Vortrag vom 14. Oktober 1911)

Wenn man die Wahrheit bis in die Empfindung hinein verinnerlicht hat, dass einen niemand in der Freiheit seiner Individualität, in der Freiheit der geistigen Wesenheit, die man in Wahrheit ist, beschneiden und einschränken kann durch welchen äußeren Umstand auch immer, auch nicht dadurch, dass man eine rechtsstaatlich verordnete Ausgangs- oder Kontaktbeschränkung zu beachten genötigt ist, dann lässt sich auf einer soliden Grundlage und mit aller inneren Ruhe über den Sinn und Unsinn von staatlich verordneten Ausgangs- oder Kontaktbeschränkungen sehr viel besser diskutieren. Wenn nicht, gerät der Protest rasch in eine Bahn, in die er nicht geraten sollte. Es mischen sich kleinliche und persönliche Egoismen in berechtigte Argumente hinein. Die Debatte um politisch verordnete Maßnahmen schiebt sich in den Mittelpunkt, die eigentlichen (geistigen) Ursachen der Viruspandemie, die Rolle des eigentlichen Zeitgeistes der Gegenwart, die Erkenntnis des Christus selbst und Seines Widersachers geraten gänzlich ins Abseits.

Und: die Diskussion wird hitzig, der Widerstand reflexartig.

Beobachten wir uns genau! Selbst in anthroposophischen Beiträgen nimmt die Diktion immer öfter Anleihen beim Kriegsmilieu. Es ist von der Frage nach den richtigen «Waffen» im «Kampf» gegen die «Corona-Lüge» die Rede, von «unerschrockenen Einzelkämpfern», die sich «nicht beugen» werden, von einer «Machtübernahme», der Frage, danach, wer «den Sieg davontragen» wird und vielem mehr.

Wenn aber Furor, Abscheu und Hass sich in den Seelen verbreiten, wenn man derlei Seelenregungen für gerechtfertigt hält und sie zulässt – ob in Taten, Gefühlen oder Gedanken –, weil man Ungerechtigkeit zu erleben und sich selbst im Recht glaubt, so ist nicht dasjenige Wesen im Bunde mit der eigenen Seele, das sich am Kreuz für uns hingegeben hat, um der Welt die Liebe zu bringen.

Was uns sowohl mit den Angstschürern als auch mit kruden Verschwörungstheoretikern und mit Wissenschaftlern gegenteiliger Interpretations-Couleur vereint, sobald unsere Seelen für oder wider dieses oder jenes im Zusammenhang mit den aktuellen Entwicklungen sich erhitzen, ist zweifellos die Abwesenheit des *Christus* in unserem Bewusstsein, das Vergessen um die Anwendung der unverzichtbaren Mittel der *Geistes*(!)-Wissenschaft.

«Ins Übermaß der Herrschaft freier Luft» sind diejenigen Geister gedrungen, mit denen wir es heute zu tun haben und die weithin unerkannt bleiben. In dieser Sphäre der freien Luft webt unser Gedankenleben, welches sie versuchen so zu beeinflussen, dass wir glauben, den Feind eindeutig lokalisiert und identifiziert zu haben. Dabei ist gerade diese unsere Überzeugung ihre köstlichste Beute. Sie missbrauchen unsere Intentionen. Sie verkörpern sich nicht allein in *«unserer Angst oder unserer Bequemlichkeit»* (J. Stauffer), im Duckmäusertum vor einer – demokratisch gewählten oder nicht gewählten – Obrigkeit, sondern sie verkörpern sich auch in unserem feurigen Einsatz gegen dieselbe, wenn die zentralen geistigen Geschehnisse und Wesenheiten außer Acht gelassen werden!

Die Menschheit, die in zwei Meinungslager zerfällt, ist – von innen her betrachtet – gar nicht ent-zwei gefallen. Sie ist sich einig, indem sie dem großen Ablenkungsmanöver auf den Leim gegangen ist. Das Coronavirus selbst ist nicht das große Ablenkungsmanöver, sondern alles darauf Folgende. Aufmerksamkeit und Kräfte von Millionen von Menschen – so unterschiedlich sie in ihren Meinungen und Intentionen sind – werden gleichermaßen gebunden, um das Zentralereignis unserer Zeit, das uns zu rechtmäßigen Vertretern unserer Zeit machen könnte, *«unvermerkt»* an uns *«vorübergehen zu lassen».*

Wenn wir, die wir – aus welchen Schicksalsgnadengründen auch immer – Anthroposophie kennen dürfen, uns jetzt mitreißen lassen vom allgemeinen Sturm der Entrüstung, von den teils sehr heftigen Windböen, die offensichtlich aus ganz verschiedenen Richtungen her wehen, und uns in Befreiungsschar-mützeln verlieren, oder wenn wir die *«Zeichen der Zeit»* (GA 346, Vortrag vom 12. September 1924) gar nicht erst zu lesen versuchen, sondern in kindischer, naiver Art glauben, *«schon jetzt die Zukunft vorzubereiten»,* indem wir *«Wiedereröffnungsfeiern andenken, vielleicht schon vorplanen»* (Online-Ausgabe «Anthroposophie weltweit», 5/2020) und auf diese Weise die uns gestellten Erkenntnisaufgaben gänzlich ignorieren, dann wird nicht nur die geistige Welt wohl in den Reihen derer ihre Helfer für die Menschheit suchen müssen, die *ohne* geisteswissenschaftliche Begriffe, aber doch immerhin einen echten Anschluss an die geistige Welt erstreben. Nämlich unter solchen, die zum Beispiel durch unermüdliches Gebet wirken, oder solchen, die ohne Furcht davor, verlacht zu werden, von ihren Nahtoderlebnissen, von ihren Begegnungen mit der Realität Gottes Zeugnis abzulegen bereit sind. Sondern dann werden wir auch mit dafür verantwortlich sein, dass uns in naher Zukunft noch ganz andere, weitaus schlimmere Plagen heimsuchen werden als eine Sars-CoV-2-Pandemie. – Es muss ein anderer Weg gefunden werden, mit den gegenwärtigen Herausforderungen umzugehen.

«Es ist die Menschheit / Im Vergessen an das Gottes-Innere» (Rudolf Steiner: «Den Berliner Freunden» in GA 268). Dessen sollte sich der Anthroposoph in dieser Stunde bewusst sein. Wenn er «kämpft», dann muss er um *dieses Gottes-Innere* kämpfen, indem er seine eigenen und möglichst auch die Blicke seiner Mitbrüder auf dieses Gottes-Innere zu lenken beginnt.

«Das ist die große Verantwortung der Anthroposophie. Die Anthroposophie ist entsprungen aus der Erkenntnis der Notwendigkeit, dass vorgearbeitet werden muss für etwas, was kommen wird, und das auch übersehen und unterdrückt werden könnte. Vorzuarbeiten hat die Anthroposophie für das Verständnis geistig sich entwickelnder Kräfte der Menschheit. Werden diese Kräfte unterdrückt werden, dann wird die Menschheit weiter in den Materialismus hineingehen. [...]

Nicht umsonst ist der Mensch so in die physische Welt hinunterversetzt worden: <u>*Hier*</u> *müssen wir uns das aneignen, was zum* <u>*Verständnis des Christus-Impulses*</u> *führt! Für alle Seelen, die leben, ist Geistesforschung die Vorbereitung auf das Christus-Ereignis* [in der ätherischen Welt]. *Diese Vorbereitung ist notwendig.* [...] *Daher wird es gerade ein wichtiges Versäumnis sein für die Menschen, die sich nicht zu dem Christus-Ereignis erheben wollen in unserem Jahrhundert, wo sie dazu Gelegenheit haben.*

Wenn wir so die Geisteswissenschaft betrachten und uns in die Seele schreiben, dann erst fühlen wir, was sie jeder einzelnen Menschenseele ist, und was sie sein soll der gesamten Menschheit.» (GA 116, Vortrag vom 8. Februar 1910)

Berlin, 4./11. Mai 2020

Judith von Halle

BÜCHER VON JUDITH VON HALLE
IM VERLAG FÜR ANTHROPOSOPHIE

Reihe Beiträge zum Verständnis
des Christus-Ereignisses

BAND I:
Das Vaterunser – Das lebendige Wort Gottes

3. Auflage, Geb., 74 S., ISBN 978-3-03769-002-4

BAND II:
Von den Geheimnissen des Kreuzweges und des Gralsblutes

3. Auflage, Geb., 140 S., m. farb. Abb.,
ISBN 978-3-03769-003-1

BAND III:
Das Abendmahl –
Vom vorchristlichen Kultus zur Transsubstantiation

3. Auflage, Geb., 108 S., m. Abb.,
ISBN 978-3-03769-004-8

BAND IV:
Von Krankheiten und Heilungen
und von der Mysteriensprache in den Evangelien

2. Auflage, Geb., 188 S., Abb., ISBN 978-3-03769-006-2

BAND V:
Der Abstieg in die Erdenschichten
auf dem anthroposophischen Schulungsweg

2. Auflage, Geb., 156 S., m. farb. Abb.,
ISBN 978-3-03769-007-9

BAND VI:
Vom Mysterium des Lazarus und der drei Johannes
Johannes der Täufer, Johannes der Evangelist, Johannes Zebedäus

2. Auflage, Geb., 204 S., m. farb. Abb., ISBN 978-3-03769-014-7

Judith von Halle

Schwanenflügel

Eine spirituelle
Autobiographie

Teil I: Kindheit und Jugend

Erschienen in der Edition Morel
2. Auflage, 432 S., Abb.
ISBN 978-3-906891-00-2

Ein ergreifendes und ermutigendes Zeugnis für die Entdeckung und Erkenntnis der eigenen unvergänglichen geistigen Individualität, ihres Vermögens, Ursprungs und Ziels.

«Das rückhaltlose Offenlegen meiner Kinder-Erlebnisse mit der geistigen Welt, das öffentliche Zeugnis-Ablegen von der Wirklichkeit Christi durch die Veröffentlichung meiner mir kostbarsten spirituellen Erfahrung aus Kindertagen soll Mut machen und Vertrauen schenken ...»

«Die Schilderung ihres individuellen Zugangs zur Anthroposophie und ihre dann ablesbare vorgeburtliche Verbindung mit dem neuen, sich in der Anthroposophischen Bewegung ein Flussbett bahnenden Christuswirken, ist ‹herzinniglich› ...»

Reto A. Savoldelli

«Und wäre er nicht auferstanden ... »
Die Christus-Stationen auf dem Weg zum geistigen Menschen

3. Auflage, Geb., 204 S., m. farb. Abb.,
ISBN 978-3-03769-001-7

Die Christus-Begegnung der Gegenwart und der Geist des Goetheanum

Geb., 160 S., m. farb. Abb.,
ISBN 978-3-03769-026-0

Rudolf Steiner – Meister der Weißen Loge
Zur okkulten Biographie

3. Auflage, Geb., 184 S., Abb.,
ISBN 978-3-03769-030-7

Die Templer
Der Gralsimpuls im Initiationsritus des Templerordens, Band I

2. Auflage 2012, Geb., 192 S., Abb.,
ISBN 978-3-03769-041-3

Die Templer
Der Gralsimpuls im Initiationsritus des Templerordens, Band II

Geb., 217 S., Abb., ISBN 978-3-03769-046-8

Anna Katharina Emmerick
Eine Rehabilitation

Kt., 352 S., Abb., ISBN 978-3-03769-043-7

Alle Bücher und
ausführliche Informationen
siehe www.v-f-a.ch